Cómo acordarse de sus vidas anteriores

I0200929

A pesar de haber puesto el máximo cuidado en la redacción de esta obra, el autor o el editor no pueden en modo alguno responsabilizarse por las informaciones (fórmulas, recetas, técnicas, etc.) vertidas en el texto. Se aconseja, en el caso de problemas específicos —a menudo únicos— de cada lector en particular, que se consulte con una persona cualificada para obtener las informaciones más completas, más exactas y lo más actualizadas posible. EDITO-RIAL DE VECCHI, S. A. U.

© Editorial De Vecchi, S. A. 2018
© [2016] Confidential Concepts International Ltd., Ireland
Subsidiary company of Confidential Concepts Inc, USA
ISBN: 978-1-68325-756-1

El Código Penal vigente dispone: «Será castigado con la pena de prisión de seis meses a dos años o de multa de seis a veinticuatro meses quien, con ánimo de lucro y en perjuicio de tercero, reproduzca, plagie, distribuya o comunique públicamente, en todo o en parte, una obra literaria, artística o científica, o su transformación, interpretación o ejecución artística fijada en cualquier tipo de soporte o comunicada a través de cualquier medio, sin la autorización de los titulares de los correspondientes derechos de propiedad intelectual o de sus cesionarios. La misma pena se impondrá a quien intencionadamente importe, exporte o almacene ejemplares de dichas obras o producciones o ejecuciones sin la referida autorización». (Artículo 270)

Roger Luc Mary

CÓMO ACORDARSE DE SUS VIDAS ANTERIORES

dve
PUBLISHING

*Todos los seres provienen de otros más antiguos
mediante transformaciones sucesivas.*
ANAXIMANDRO
(filósofo griego, 610-547 a. de C.)

Lo poco que vemos es producto de lo poco que somos.
VICTOR HUGO

*La emoción más soberbia y profunda que podemos
experimentar es la sensación mística. En ella
se halla el origen de toda ciencia verdadera. Aquel
que desconozca esta sensación, que sea incapaz de
dejarse atrapar por la admiración y el éxtasis, ha muerto como
persona. Saber que lo impenetrable existe,
a pesar de todo, manifestándose como la mayor
sabiduría y la más radiante belleza que nuestras
facultades obtusas pueden captar, aunque de forma
extremadamente primitiva, esa certeza, ese sentimiento, se encuentra
en el centro de cualquier sentido religioso verdadero.*
ALBERT EINSTEIN

Índice

ANEXOS

Introducción

¿Cómo recordar las vidas anteriores? Sin lugar a dudas, una pregunta de tal calibre puede parecer absurda, provocar una sonrisa irónica o un simple encogimiento de hombros. Sin embargo, si ha tomado la determinación de leer este libro es porque su título despierta en usted una curiosidad legítima, probablemente entremezclada con algo de desconfianza e incluso de ciertas dudas.

Ahora bien, la desconfianza y la duda no tienen por qué ser algo negativo por definición, no reflejan necesariamente una estrechez de miras sino todo lo contrario. A menudo son el reflejo en un ser humano de la traición y la decepción de que ha sido objeto. Traicionado por los vaivenes de una búsqueda infructuosa, recuperada delictivamente por los carroñeros de la moda *New Age*. Decepcionado por la religión, la filosofía, la política.

No hace falta decir que nuestra sociedad, en plena decadencia, somete al hombre al poder de las máquinas. Además lo manipula mediante una contaminación sutil: la falta de información. He pasado suficiente tiempo en salas de redacción para poder afirmar esto.

De hecho, ¿cuál es la función de la información en la actualidad? ¿Es la representación de una realidad objetiva? Efectivamente, se nos informa sobre las desgracias que invaden el planeta o sobre los escándalos, con la conveniente trivialización, en algunos casos.

En lugar de *Sensación de vivir*, *Dallas* y otras estupideces televisivas, un gran número de espectadores preferiría, sin duda, estar mejor informados sobre disciplinas fundamentales como las ciencias, sociología, arte, filosofía, historia. Y es que, ciertamente, los programas *culturales* existen, pero suelen ser patrimonio de una única cadena o se emiten a horas intempestivas. Tan sólo algunos privilegiados que pueden acostarse tarde tienen acceso a este tipo de información.

Resumiendo: el hombre permanece sumido en su ignorancia, en las ideas que se le han inculcado y da la impresión de que se le mantiene así para dominarlo mejor e impedirle que piense.

Si se da el caso de que un libro como este cae en manos de un lector con estas características, es bastante probable que le dé la espalda y corra a reincorporarse al rebaño. Sin embargo, quiero dirigirme a este lector más que a cualquier otro y recordarle (en caso de que fuera necesario) que nuestra sociedad occidental tiene como único valor el materialismo cimentado en el dinero, el beneficio y el consumo; que ha fundado iglesias, sectas y partidos políticos en cuyo seno el individuo bien situado dentro de la jerarquía se convierte, rápidamente, en un ser ávido de poder, dispuesto a cualquier cosa por conservarlo.

Los engranajes de nuestra sociedad occidental han hecho del hombre un vasallo al servicio de la publicidad, un ser sin voz ni voto.

Pero en el rebaño sólo se encuentran los valores materialistas; hay *mejores* y peores: la plétora esotérico-sectaria que ofrece caramelos de regusto amargo a sus seguidores. O también los intelectuales de la hermenéutica que deforman la *verdad* con su exceso de análisis.

Estos *profetas* peligrosos (que ya se anunciaban en la Biblia) que se autoproclaman pomposamente *parapsicólogos* son la plaga de estos tiempos enrarecidos porque mezclan, con un especial talento, realidad y confusión. Sin olvidar que algunos de ellos no son, para ser más exactos, charlatanes sino desviacionistas.

Frente a esta situación, ¿cómo no comprender a esas personas que, cansadas de buscar, optan por un racionalismo más inteligente que el delirio desenfrenado?

Dicho todo esto no resta más que entender bien el contenido de este libro que no pretende *revelar la Verdad* sino, por una parte, englobar algunas realidades tomando como inspiración la famosa máxima de Aristóteles[1] y, por otra, ser una guía práctica tanto en lo que concierne a la información como en el cumplimiento de ciertas técnicas.

Lo hasta aquí expuesto puede parecer paradójico pero la paradoja es sólo aparente; para que desaparezca basta probablemente con tener acceso a una cierta cantidad de información, que es uno de los objetivos de esta obra y dejar, obviamente, que sea el lector el que llegue a sus propias conclusiones. Una vez dicho todo esto he de dejar claro que no acepté escribir este libro para un lector totalmente reacio a la reencarnación.

Cuando se me propuso escribir un libro *práctico* sobre dicho tema, era evidente que yo estaba interesado en él y que sería imposible que no me involucrara personalmente.

Sin embargo, sería presuntuoso por mi parte que me presentara como un especialista. En este tema sólo existen experiencias individuales que pueden permitir que el lector se identifique un poco con ellas.

Por consiguiente, mi intención no es trastornar los espíritus ni las convicciones religiosas, sino que mi propósito ha de ser necesariamente (con humildad y en la medida de lo posible) informar a aquellos y aquellas que se preguntan *cómo recordar las vidas anteriores.*

---

1. «El ignorante afirma, el curioso duda, el sabio reflexiona».

13

Panorama de la reencarnación

La reencarnación vista por el periodismo

Hablar de vidas anteriores implica que la muerte no supone un fin y que la reencarnación existe. Pero esta es una manera rápida y poco convincente de decirlo.

Si hemos de creer a un importante semanario (que publicó un extenso informe a comienzos de 1997), la reencarnación es únicamente una moda. Y así clavaba otra espina sobre un tema ya de por sí espinoso. Se habla de una nueva epidemia religiosa llegada de Oriente con el fin de contaminar a una persona de cada cuatro.

Con un afán divulgativo, dicho informe adopta un tono jocoso donde el humor cáustico tira a matar contra Paco Rabanne, la cantante Sheila y la actriz Shirley MacLaine, todos ellos autores de libros sobre la reencarnación.

Poco importa que Paco Rabanne sea sincero o no, que aporte o no un mensaje; lo único que se destaca de él es el millón de ejemplares que ha vendido.

Hay dos maneras de considerar un éxito de tales características: o bien Paco Rabanne, Shirley MacLaine y sus partidarios son aves de rapiña de la reencarnación, o bien esta casualidad, que sirve perfectamente de pretexto, proporciona el mejor medio de distribuir las semillas que más tarde darán sus frutos. Pero la mayor parte de la prensa *racionalista* no puede considerar este último aspecto; el redactor jefe vela por el mantenimiento de su periódico, que no debe confundirse con un cierto tipo de *prensa esotérica*. Es fácil de comprender. También es fácil comprender por qué los lectores no hallan información en la gran prensa sobre ningún tema relacionado con la reencarnación ni, por supuesto, sobre ningún hecho paranormal conocido.

La ignorancia corre el riesgo de convertirse en un grave defecto cuando se sirve de la ironía para cubrirse la cara al realizar conclusiones como esta: «Al final del siglo XX, las iglesias agonizan pero las creencias religiosas proliferan, por esta razón asistimos al desarrollo de una nueva religiosidad a la carta: cada persona coge su cesta y elige dentro del supermercado de religiones de dimensiones planetarias».

Si continuáramos con ese tono, podríamos decir: «Demos la bienvenida al respeto que se merece el lector». ¿En qué se ha convertido la maravillosa deontología periodística?

En el lado opuesto encontramos una prensa *especializada* que presenta la reencarnación de manera radical y no puede sobrevivir sin la publicidad desmedida de las *ciencias ocultas*. Sin embargo, algunos de esos periódicos ofrecen (muy raramente) artículos interesantes aunque demasiado especializados para el lector que busca información.

La reencarnación vista por los diferentes círculos científicos

¿Hacia una nueva realidad científica?

Incurriríamos en un error si creyéramos que la ciencia no se interesa por el fenómeno de la reencarnación.

Para el profesor Jean Audouze, físico, «todos somos polvo de estrellas porque nuestro origen está en el cosmos».

Hoy en día se tiene la seguridad de que nada se pierde, que todo se transforma. No se trata de un concepto sino de una realidad científica lo que hace decir al profesor Audouze que «podemos ser herederos de una parte de Carlomagno, de Juana de Arco o de cualquier otro ancestro olvidado, desconocido».

Este perspicaz científico, muy lejos de que lo puedan considerar un soñador, declara que esta «parte de herencia ancestral» se confirma como algo completamente real. El profesor Audouze enciende una nueva luz sobre lo que llamamos (quizá de forma abusiva) «reencarnación».

Cuando un cuerpo se descompone libera una energía que vuelve a su origen y que produce en su retorno una nueva energía (nada se pierde, todo se transforma). ¿No estamos hablando de lo que la religión viene en llamar «transmigración» y el ocultismo «reencarnación»?

Durante veinticinco años, el profesor de neuropsiquiatría, Ian Stevenson, ha llevado a cabo numerosas investigaciones sobre la reencarnación.

Ha reunido dos mil quinientos dosieres, de los que setecientos se han considerado veraces.

El profesor de biología, Rémy Chauvin, no descarta la idea de que la vida continúe después de la muerte.

Para el físico David Bohm:

> … la respuesta es muy inquietante si bien es de sobras conocida desde la noche de los tiempos. […] Es una ilusión bastante común ver en cada persona una realidad independiente. Tome el caso de dos partículas separadas físicamente y que, sin embargo, parece que forman una única entidad. Pues bien, imagine que esas dos partículas sean, en realidad, sólo dos expresiones secundarias, dos proyecciones sobre dos pantallas de una misma y única realidad inicial, filmada en directo por dos cámaras. Desde un cierto punto, todos observamos una misma y única entidad. Olvidar este detalle, supone exponerse a una confusión de todos los sentidos y, por consiguiente, a importantes riesgos.

El fenómeno NDE

En 1977 apareció en las librerías el célebre bestséller del doctor Raymond Moody, *La Vie après la vie*, en donde salía a la luz por primera vez el fenómeno NDE[2].

Raymond Moody, doctor en filosofía y médico, revelaba en su libro que numerosos individuos, considerados clínicamente muertos, habían sido devueltos a la vida mediante modernos procedimientos de reanimación. Algunos de ellos volvían de esta aventura acompañados de extraños recuerdos; las constantes y las semejanzas que se encontraban de un relato a otro eran sorprendentes.

Tras la aparición de la obra, comenzó un verdadero reguero de testimonios procedentes de los cuatro puntos del planeta; algunos resultaban demenciales, pero esos era muy fácil detectarlos. Desde entonces, el fenómeno NDE no para de repetirse y todos los testimonios evocan la *reencarnación*.

Entre los numerosos casos catalogados y considerados veraces hay una serie de puntos coincidentes:

1. Liberación del cuerpo, pérdida de la personalidad, emotividad y supresión de esta emotividad.

2. La NDE permite traspasar los muros.

3. Túnel sombrío (o pasillo), a menudo estrecho, a cuyo final brilla una luz intensa.

4. Extraordinaria apertura de espíritu de la persona cuando alcanza dicha luz.

5. La luz, según los casos, se asocia a un guía espiritual, a menudo Jesucristo.

---

2. Abreviatura de *near death experience*, o experiencia cercana a la muerte. Existe una edición española del libro, publicado por la editorial EDAF en 1984, *Vida después de la vida*.

6. La persona tiene la impresión de hallarse en una situación familiar, algo que conoce pero que su memoria humana ha olvidado. Relacionado con este tema, una frase se repite a menudo: «Esto habla al corazón» (o «al alma»).
7. El sujeto regresa a la vida *iniciado*, su comportamiento no volverá a ser nunca el mismo: está espiritualizado.

En el transcurso de una entrevista que me concedió Patrice Van Eersel[3] me dijo:

> La publicación del libro del doctor Moody ha conmocionado tanto al público que han comenzado a aparecer virulentas discusiones. Hoy en día, los racionalistas y ocultistas exaltados se han calmado y parece que consideran, desde una misma óptica, el fenómeno NDE, estudiado desde hace mucho tiempo por la admirable investigadora humanista Elisabeth Kübler-Ross. Ella fue la primera que, si puedo permitirme la expresión, prendió la mecha.

Efectivamente, debemos a Elisabeth Kübler-Ross una nueva aproximación a la muerte, tanto desde el plano científico como desde el espiritual.

Sin embargo, nada empujaba a esta mujer admirable a penetrar en esta zona prohibida por nuestras religiones occidentales, juzgada tabú por una cierta estrechez de espíritu, o convertida en el fenómeno por excelencia por numerosos ocultistas. No, nada la empujaba a esta búsqueda sino su férrea voluntad de convertirse en médico.

Gracias a ella, ahora existe un seguimiento de los moribundos en sus fases terminales que, por otra parte, fueron descubiertas por Elisabeth Kübler-Ross. En total son cinco:

---

3. Redactor en jefe de *Nouvelles Clés* y autor de *La source noire*, Ed. Grasset, 1986.

1. Cuando la muerte se declara inevitable, el moribundo la rechaza violentamente.

2. Se da cuenta de lo inevitable y una subida de adrenalina desencadena su cólera; busca un *culpable*.

3. La tercera fase corresponde a una especie de regateo con el propio miedo: «seguro que pueden curarme o al menos hacer que dure más...».

4. Fase de abatimiento pero también de aceptación.

5. Aparición de una serenidad excepcional que no tiene nada que ver con el falso gusto por lo *extraño* o con la curiosidad de saber qué es la muerte.

Es cierto que aún queda mucho por averiguar sobre el misterio que rodea al fenómeno NDE pero, en cualquier caso, parece acercarse a la supervivencia *post mortem* y, por consiguiente, al proceso de la reencarnación.

Con ocasión de un viaje a París en diciembre de 1988, Raymond Moody declaraba que no se trataba de un investigador solitario ya que el fenómeno NDE está reconocido como una realidad médica en los Estados Unidos y que, además de la publicación regular de trabajos de investigadores especializados en este campo como Sabom, Greyson, Ring, Morse, Schoonmaker o Kreutzinger, todos los boletines oficiales de psiquiatría, pediatría y psicología presentan y exploran esta nueva dimensión de la psique humana. A comienzos de los años 80, un sondeo realizado por la agencia Gallup revelaba que ocho millones de americanos habían vivido una NDE. ¿Aquí existirían menos o es que somos más púdicos que en los Estados Unidos[4]?

---

4. Me volqué en el fenómeno NDE y, entre los veinte testigos que entrevisté, me pareció que dos decían la verdad por su total modificación de la personalidad. Cito sus experiencias en uno de los anexos del libro.

EL ACOMPAÑAMIENTO DE LOS MORIBUNDOS

El fenómeno NDE ha planteado una serie de revisiones en el mundo de la ciencia que atañen, en particular, a los momentos de agonía y al acompañamiento de los moribundos. La asociación Derecho a morir dignamente *reclamó, por otra parte, el derecho a que se practicara la eutanasia. Algunos médicos se alzaron en contra de este* derecho. *En Francia incluso se produjo una movilización para que se creara una comisión ministerial, que se reunió una vez al mes durante un año para encontrar soluciones en respuesta a la petición de la eutanasia. Dicha comisión creó unidades de cuidados paliativos de tres tipos: acompañamiento de los moribundos, formación de las enfermeras y búsqueda de medios para ayudar a morir.*

Reencarnación y código genético

En su libro *La Logique du vivant* [5], François Jacob defiende que:

> … la herencia genética funciona igual que la memoria de una calculadora. La fibra cromosómica contiene, cifrado en una especie de código minúsculo, todo lo que ha de pasarle a un organismo, su desarrollo, su funcionamiento. Las estructuras cromosómicas también albergan los medios para poner en marcha este programa.

Una *memoria genética* de tales características, que forma parte de la herencia de las especies, prueba la existencia de una cierta continuidad del individuo con respecto a sus ascendientes.

En los estudios llevados a cabo sobre la reencarnación se aprecia a menudo una correspondencia entre caracteres. Y la

---

5. François Jacob, *La logique du vivant*, Ed. Gallimard, 1976.

realidad supera la ficción cuando se dice que una mujer joven que pierde un miembro de su familia puede quedarse embarazada de este por una nueva reencarnación. Recuerdo cómo me reí hasta que me cayeron las lágrimas al escuchar una exageración como esa, pero la risa se me heló cuando mi trabajo de periodista me condujo hasta ciertos científicos y sus laboratorios. Una aproximación a la mecánica cuántica y varias observaciones con un microscopio electrónico hicieron que me replanteara seriamente muchas cosas.

LA GENÉTICA MOLECULAR

La ciencia de la genética fue descubierta por Mendel entre 1850 y 1860. Pasó a ser molecular *cuando se identificaron las moléculas que contenían y transmitían la información genética: ADN (ácido desoxirribonucleico) y ARN (ácido ribonucleico). A partir de 1944, Avery y sus colaboradores demostraron el papel del ADN como soporte de la herencia genética y lograron una primera manipulación genética dotando a los microorganismos de un carácter particular por una transferencia de ADN.*

Desde 1953, los trabajos de Watson y Crick demostraron que el ADN presenta una estructura de doble hélice. Debemos el desciframiento del código genético a Marshall W. Nirenberg y a su equipo del National Institute of Health de los Estados Unidos y el descubrimiento del papel de mensajero *del ARN a François Jacob y a Jacques Monod (1961-1962).*

Desde 1975 se habla de la ingeniería genética como de una manipulación *que plantea graves problemas éticos.*

Nociones de genética

Acerquémonos un poco al tema. Todas las reacciones de la química celular están reguladas por encimas, que son proteínas, y las proteínas sólo se diferencian entre sí por el número de aminoácidos que las componen y el orden según el cual están dispuestos.

Este número y orden dependen a su vez del número y orden de las bases de nitrógeno que participan en la composición del ADN de los cromosomas. Descubrir cómo este último orden dirige el primero es descifrar el código genético.

En cuanto a los cromosomas, son filamentos más o menos largos que aparecen en el núcleo de las células vivas en el momento de su división. Están formados por una sustancia llamada «cromátida».

Los cromosomas son los portadores de los genes, causantes de la aparición de los caracteres hereditarios. Los genes se colocan a lo largo del cromosoma como las perlas de un collar. En el momento en que la célula se divide, cada cromosoma se parte longitudinalmente, cada gen se encuentra entonces dividido en dos para presentar un nuevo cromosoma tipo y así sucesivamente.

Los cromosomas, que encierran todas los antecedentes específicos, pueden compararse con la memoria de un ordenador que contiene toda la información necesaria y suficiente para construir un ser humano.

Nada, sino este «programa», puede determinar cómo será el individuo acabado.

Por lo tanto, ¿hay que llegar a la conclusión de que un individuo así formado está *acabado de forma irrevocable*? Si así fuera, no tendríamos otro remedio que admitir que no existe ninguna posibilidad de evolución, lo que con toda seguridad no es el caso. No solamente existe la evolución sino que todavía se transmite por el código genético de un modo misterioso.

En este *misterio* se esconde una *inteligencia* que algunos científicos se niegan a manipular mientras que otros se entregan a *ensayos*.

Una nueva teoría genética

Con relación a esta *inteligencia*, se ha elaborado una nueva teoría genética que consiste en lo siguiente. Algunos genes se encargan de almacenar los conocimientos adquiridos. Son una especie de archivos sin estrenar que permiten guardar los datos nuevos. Estos cromosomas de memoria potencial (CMP) no conservan, sin embargo, todos los conocimientos nuevos. Se debe realizar una criba pues, de lo contrario, nos convertiríamos todos en genios.

Así pues, se lleva a cabo una selección en el individuo, quizás en función de una *evolución extratemporal*. Esta nueva memoria, sin lugar a dudas recesiva, no se convierte en dominante hasta que los genes de dos padres poseen la misma formación en las células reproductoras.

De este modo, llegamos a la concepción de una memoria genética de la que la memoria consciente no representa más que una ínfima parte.

Existen, por una parte, los cromosomas determinantes y algunos genes que hacen que los cabellos sean rubios o castaños, los ojos claros u oscuros, la piel blanca o de color, y, por otra parte, un nuevo tipo de cromosomas inherentes a una jerarquía genética, lo que supone una concepción completamente nueva.

Esta categoría cromosómica queda catalogada como un factor de evolución. El término «cromosoma-memoria» no expresa bien lo que se pretende definir: no es a través del conocimiento del pasado como se puede progresar hacia el futuro, pero tampoco teniendo que volver a descubrirlo todo. Todo ser con voluntad se acuerda inconscientemente[6]. Por lo tanto, existiría un cromosoma de memoria evolutiva (CME).

6. Si recordáramos por completo nuestras vidas anteriores es fácil de imaginar los traumas que sufriríamos.

Pero el reparto de esta memoria adquirida se convertiría enseguida en algo anárquico (llevaría consigo la falta de adaptación de la especie al medio) si no existiera un cromosoma coordinador en el que recae el papel de la decisión: poner la información adecuada en el lugar adecuado dentro de uno u otro individuo, según el programa de su propia evolución. Queda claro inmediatamente que no se trata de elitismo sino de evolución pura y simple, carente de cualquier tipo de maniqueísmo. En efecto, la naturaleza no obedece más que a su propio orden. Algunos seres están más evolucionados que otros y son estos primeros los que están (o deberían estar) al servicio de los segundos[7]. Todo lo que recibe un ser, debe ser *necesariamente* redistribuido.

Este cromosoma de coordinación de la memoria (CCM) puede jugar también un papel en la elección de la información resurgente, encargada de seleccionar la información registrada, es decir, la que vuelve al nivel de la conciencia para ser memorizada.

Por consiguiente, podemos pensar que este cromosoma (CCM) es el que controla las sensaciones de *déjà vu* («ya visto») o «ya vivido».

En el campo de la genética se enfrentan dos concepciones: la primera achaca todo a la actividad cromosómica con lo que nada puede existir fuera de lo que contienen los programas. Se trata de un sistema cerrado que se intenta *abrir* por medio de la manipulación genética.

La segunda concepción considera que el soma rige todo o, dicho de otro modo, que el individuo sufre la influencia del medio que le rodea, que puede modificar así a la persona sin que tenga una repercusión genética transmisible. Se trata de un sistema de circuito abierto, pero *cerrado* a otras posibilidades.

---

7. De ahí proviene la cita bíblica: «Los últimos serán los primeros».

Habría un tercer esquema que no sería ni el circuito cerrado de la primera concepción antes citada ni el abierto de la segunda. Dejando de lado las mutaciones genéticas excepcionales, habría lugar para una adaptación progresiva gracias al cromosoma de memoria potencial (CMP) que, con el tiempo, pasará a convertirse en un cromosoma de memoria evolutiva (CME). Se podría dar un *valor acabado* a la evolución de una especie al considerar que no puede ir, *aquí y ahora*, más allá de su evolución temporal, limitada al número de CMP que posea. Sólo gracias al juego de *mutaciones sucesivas* el individuo obtiene un mayor número de posibilidades. Dicho de otro modo, no bastaría con una existencia para conocer todo y evolucionar.

Si la vida no debe nada al azar y el absurdo, se puede pensar entonces que el poder de asimilación analítica o sintética, propio de los hombres, depende de este CMP. Así se convertiría en la sede de esta inteligencia que no solamente media la relación entre lo visible y lo invisible sino que también explica las fuertes impresiones extrasensoriales que muchas personas perciben.

Replanteamiento de la reencarnación por parte de la ciencia avanzada

En ciertos medios de la ciencia llamada «avanzada», el problema de la reencarnación está presente y las hipótesis suceden a las teorías. Se podrían resumir estas nuevas hipótesis de la siguiente manera.

El pensamiento escapa a la materia así como a los campos temporales; a partir del pensamiento en estado puro se podría recrear la materia utilizando la energía primordial en un contexto espacio-temporal. De este modo no solamente ya no se plantearía el problema de la supervivencia, sino que este proceso permitiría pasar de un nivel a otro. El espíritu vivo que reside en el hombre sólo se engendraría una única y primera vez pero tendría el poder de volver a crearse, indefinidamente, o, en cualquier caso, hasta completar la evolución, hasta conseguir la perfección. Es el momento de dejar claro los tres tipos de energía que existen:

— la energía de la forma física, de percepción sensorial;
— la energía de la forma espiritual, de percepción extrasensorial;
— la energía primigenia, como origen. Está presente en las dos primeras energías y estas proceden de ella.

Estas energías se cristalizarían en una sola energía temporal en el ser humano, lo que le llevaría a su realización que no se puede alcanzar en el curso de una única manifestación de vida física. Las energías animistas se orientarían hacia un fin determinado pasando por diferentes caminos, es decir que se expresarían a través de una sucesión de vidas hasta alcanzar ese fin: la reintegración unitaria, lo que el Hombre llama «Dios». Sin embargo, una falsa interpretación empujaría a creer en reencarnaciones estrictamente terrestres; esta interpretación provendría del dogma religioso que tiene que ver con la repetición del *pecado original* bajo el pretexto de que el cuerpo humano es terrestre.

Según esta concepción, la ley del eterno retorno no sería un absurdo estático sino una hiperinteligencia dinámica; el absurdo sería que el espíritu vivo se reencarnara varias veces (e inútilmente) en el mismo contexto de manifestación.

Una visión de este tipo implica que el universo esconde un número incalculable de «planetas-escuela». También implica la imposibilidad del espíritu vivo de volver a manifestarse físicamente varias veces en el mismo planeta, salvo en caso de error de recorrido: muerte prematura, suicidio, etc. Exceptuando estos accidentes, habría un bloqueo por parte de la energía primigenia a volver a manifestarse varias veces en el mismo contexto energético, lo que valdría para todos los planos. Los niveles intermedios (entre la vida y la muerte) serían a la fuerza diferentes o, de lo contrario, el espíritu vivo se convertiría en una máquina sometida a un ordenador.

Las energías sutiles, animistas, etc., siguen vías ilógicas para el entendimiento humano que establece, según su lógica, un proceso de jerarquías progresivas (por ejemplo, mineral, vegetal, animal, humano). Se podría lograr que este orden no fuera obligatoriamente cronológico y que obedeciera a un «desorden» marcadamente «organizado».

Las diferentes doctrinas religiosas

Reencarnación y tradiciones

Las religiones monoteístas

La religión judeocristiana y la islámica se oponen, a veces brutalmente, a la idea de la reencarnación. Se trata de una concepción totalmente contrapuesta a los fundamentos de la ley judaica, una ley que coincide con el dogma cristiano de que el cuerpo muere y el alma vuelve al origen divino del que se ha originado sin volver a la Tierra.

A pesar de esta creencia, existe una tendencia reencarnacionista en la tradición judía, tendencia que apareció en el siglo XII entre los cabalistas y numerosos teólogos. Según el rabino Josy Eisenberg[8], se habrían basado en un texto de Job que especifica que Dios concede varias oportunidades al hombre para llegar a la perfección.

Para la iglesia católica, no se puede ser cristiano y creer en la reencarnación, ya que, de acuerdo con el dogma, la resurrección es definitiva.

Sin embargo, se encuentran alusiones a la reencarnación en numerosos textos sagrados:

---

8. Josy Eisenberg, *Le testament de Moïse*, Ed. Albin Michel, 1996.

La tribu de Judea, al igual que las otras tribus, conocían este misterio, sabían que cuando el alma no ha finalizado su misión durante su paso por la Tierra, es desterrada y trasplantada de nuevo sobre la Tierra, y así está escrito (en el libro de Job): «Y el Hombre volverá a la Tierra» (*Zohar*).

De generación en generación haces que los hombres vuelvan al polvo y dices: «Hijo del Hombre, vuelve» (*Salmo* XC, 1-3).

Porque todos los profetas y la ley profetizaron hasta Juan (el Bautista); y si queréis recibirlo, él es aquel Elías que había de venir. El que tiene oídos para oír, oiga (*Mateo*, XI, 13-15).

El que no naciere de nuevo, no puede ver el reino de Dios (*Juan*, III, 3).

Este último versículo tiene un doble sentido, ya que puede interpretarse como una alusión a la iniciación propiamente dicha o bien, si se entiende literalmente, como una manifestación clara de la necesidad de experimentar la transmieración y reencarnarse en vidas sucesivas.

Todos estos textos no son los únicos existentes en su género, se han citado entre muchos otros como ejemplo de alusión a la reencarnación en textos sagrados.

El hinduismo

En el hinduismo existen otras creencias según las cuales un alma que tuviera en su haber 1.000 actos positivos y 1.500 negativos sólo *engrosaría* 50 actos positivos para purgar 50 negativos.

De ahí se deduce la necesidad inevitable de reencarnarse para llevar a cabo este proceso. Reencarnaciones que habrá de comenzar de nuevo si la depuración no se realiza o si el karma se hace más pesado.

Igual que un hombre que ha rechazado la ropa usada toma otra nueva, el alma reencarnada, rechazando su cuerpo usado, viaja hacia otros que son nuevos (*Bhagavad-Gîta*, II, 22).

Por otra parte, el alma se reencarnaría (sin tener en cuenta nuestra cronología temporal e histórica) en diferentes épocas, en correspondencia con la fecha kármica, en función de que el karma fuera más o menos pesado. De acuerdo con esto, se podría morir en el año 2000 de nuestra era y renacer en la Edad Media: «en un estado de espíritu que cumpliera un acto ya que se recoge el fruto en un cuerpo de calidad correspondiente», dice un sabio hindú.

Siempre dentro de las creencias hindúes (no siempre compartidas), el alma se reencarnaría en la persona después de realizar 84 *secuencias cósmicas*: 20 secuencias en el mundo vegetal, 9 en un animal acuático, 11 en un insecto, 10 en un pájaro, 30 en un animal salvaje o doméstico y 4 en un primate.

Aparte de esta extraña enumeración, el alma tendría que renacer más de 200.000 veces dentro de las diferentes categorías del género humano, de la más baja a la más evolucionada, antes de estar liberada por completo de la reencarnación.

Por motivos evidentes se puede dudar de estos principios y quedarse, por lo tanto, con estos:

> La práctica del amor, la fraternidad, la ausencia de prejuicios raciales o nacionalistas, son las primeras condiciones requeridas para disminuir el ciclo de las reencarnaciones.

La censura de la reencarnación mediante la falsificación de textos

Hay una evidencia que tengo que señalar sin tomar ningún partido: me he encontrado y entrevistado a un gran número de teólogos cuando era periodista, entre los que se cuenta monseñor Marty. Todos *eludieron* la cuestión de la *censura* para responder, en pocas palabras y con parquedad, que el cristiano que cree en la reencarnación funda sus creencias en argumentos erróneos. Queda por averiguar si los argumentos de la Iglesia católica no lo son también.

En el año 543, con ocasión del sínodo de Constantinopla, la Iglesia de Oriente condenó una antigua doctrina según la cual el alma existiría antes que el hombre, pero esta condena, firmada por el papa, no fue ratificada en el 553 por el Concilio General de Constantinopla. El *olvido* se reparó diez años después por el Concilio de Braga, que condenó a su vez la posición de aquellos para quienes las almas humanas habrían pecado en las moradas celestes y habrían sido precipitadas en los cuerpos humanos:

> Si alguien dijere o pensare que las almas de los hombres existían antes de ellos en la medida en que eran con anterioridad seres espirituales y poderes santos, pero que la repugnancia les invadió al ver a Dios y se precipitaron en el mal, razón por la cual el amor se enfrió en ellas, y que han recibido el nombre de alma y han sido enviadas como castigo a los cuerpos, que esto fuere anatema.

Además si en 1247 el II Concilio de Lyon afirmó que «las almas humanas son recibidas inmediatamente en el cielo» tras la muerte física, es porque en aquella época las ideas sobre la reencarnación estaban todavía muy presentes en los ánimos. Francisco de Asís (*ca.* 1181-1226), fundador de la orden de los franciscanos, creía en la reencarnación. Pero, mucho antes de él, la tradición reencarnacionista era algo más religioso que filosófico.

En el siglo III, Orígenes (*ca.* 185-254) marcó una diferencia clara (a la que él se sumaba) entre la resurrección del dogma cristiano y el regreso eterno de los estoicos:

Si queremos saber por qué el alma humana obedece una vez al bien y otra vez al mal, hay que buscar la causa en una vida previa a esta. Cada uno de nosotros va al encuentro de la perfección mediante una sucesión de existencias. Estamos obligados a llevar sin parar mejores vidas, en esta tierra o en otros mundos. Nuestro abandono a Dios, que nos purifica de todo mal, proporciona el final de la reencarnación[9].

Por otra parte, es preciso descubrir una primera traición histórica: al no poder iniciarse en los misterios egipcios, el emperador Constantino, entonces enemigo de los primeros cristianos, no tuvo curiosamente otro recurso que el de instaurar el cristianismo como religión de Estado, lo que supuso un golpe fatal para Egipto.

Esta verdad histórica (*religiosamente* disimulada por *razones de Estado*) conviviría con la confusa visión que Constantino tuvo sobre el puente Milvio. Al parecer una cruz luminosa apareció en el cielo y le anunció: *In hoc signo vinces* («con este signo vencerás»).

El emperador Constantino hizo entonces de Eusebio de Cesárea su panegirista oficial[10].

Eusebio de Cesárea (*ca.* 265-340) nació probablemente en Palestina, en la ciudad de Cesárea, donde vivió hasta su muerte, trabajó, en un primer momento, como colaborador del sacer-

---

9. Texto citado por Lucien Liroy en su libro *Le secret de la réincarnation*, París, Éditions De Vecchi, 1994.

10. Constantino ignoraba probablemente las terribles consecuencias que acarrearía la institución del cristianismo como religión de Estado y que sobrepasaron su propia persona. Además de la absorción falsificadora de las tradiciones egipcias y celtas por parte de la nueva religión, un manuscrito del siglo XV, titulado *De falson credita et ementita donatione declamatio,* del humanista Lorenzo Valla, prueba que Constantino no donó nunca Roma ni sus alrededores al papa y que la Santa Sede se atribuyó deliberadamente todos los poderes incluida la prohibición de dejar leer la Biblia al *vulgo.*

dote Pánfilo, que había recogido antiguos manuscritos de gran valor legados a la biblioteca de Cesárea por Orígenes.

Eusebio de Cesárea, con la ayuda de copistas, sacó provecho de su erudición para revisar y corregir los antiguos manuscritos dejados por Orígenes y otros textos tradicionales teniendo cuidado de conservar sólo los pasajes útiles recogidos entre los escribanos antiguos.

Tras ser elegido para el episcopado entre el 315 y el 320, redactó una primera versión de su *Historia eclesiástica* limitándola a un *cierto número de intereses*, omitiendo en ella todo lo que convenía al episcopado y a los reinos autoritarios. Esta *Historia eclesiástica* fue además objeto de numerosas correcciones importantes en función de los acontecimientos que modificaron la situación de la Iglesia.

El conjunto de la producción literaria de Eusebio de Cesárea es, de hecho, la refutación de la tradición neoplatónica expuesta en quince volúmenes por el filósofo Porfirio bajo el título *Contra los cristianos*.

A través de este filósofo, toda la tradición antigua, de gran erudición y conocimiento de los textos sagrados, rechazó el *cristianismo fabricado*, que constituía un rechazo irracional del auténtico esoterismo.

Pensamientos de la época clásica sobre la reencarnación

Son mucho más numerosos de lo que puede pensarse. De hecho, buena parte de ellos se debe a la pluma de notables escritores y filósofos griegos. Veamos algunos de ellos.

> Los egipcios fueron los primeros en decir que el alma del hombre es inmortal. Sin detenerse, de un vivo que muere pasa a otro que nace; cuando

ha recorrido todo el mundo terrestre, acuático y aéreo, vuelve a introducirse en un cuerpo humano. Este viaje circular dura tres mil años. (Herodoto, *Historias,* II, 123).

Estoy convencido de que podemos renacer realmente y que los seres que están vivos provienen de los muertos (Platón, *Fedón*).

Los glotones y los borrachos renacerán, quizá bajo la forma de un asno, los hombres violentos e injustos bajo la de lobos y halcones, y los que siguen ciegamente las convenciones sociales bajo la forma de abejas y hormigas (Platón, *Fedro*).

Cuando el tiempo ha terminado por fin de borrar todas las manchas de las almas y ellas han recobrado la pureza de su origen celestial y la simplicidad de su esencia divina, al cabo de mil años las conduce a las orillas del río Leteo[11], con el fin de llevarlas de nuevo a la vida y unirlas, siguiendo sus deseos, a nuevos cuerpos (Virgilio, *Eneida*).

Es una creencia admitida universalmente que el alma comete faltas, las expía, sufre castigos en los infiernos y pasa a nuevos cuerpos (Plotino, *Enéadas*, I, 1-12).

Cuando era piedra, morí y me convertí en planta. Cuando era planta, morí y conseguí el rango de animal. Cuando era animal, morí y alcancé el estado de hombre. ¿Por qué debería tener miedo? ¿Cuándo perdí algo al morir? (Djalâl Al-Dîn Al-Rûmî).

Si se echa una ojeada a la tradición celta se aprecia que los druidas creían en la inmortalidad del alma, cualidad que hizo decir a Diodoro Sículo:

Entre ellos prevalece la opinión de Pitágoras según la cual las almas de los hombres son inmortales y, tras un número indeterminado de años, vuelven a vivir penetrando en otro cuerpo.

11. En la mitología griega, Leteo es uno de los ríos de los infiernos cuyas aguas proporcionan el olvido a las almas de los muertos.

Esta tradición, transmitida por Pitágoras pero muy anterior a él, se vuelve a encontrar hoy en un viejo proverbio bretón: *Kement beo a zo maro, kement maro o vero beo!* («¡Todo lo vivo estuvo muerto, todo lo muerto estará vivo!»).

Nadie puede explicar exactamente de dónde proviene la doctrina reencarnacionista. Su origen se remonta a la noche de los tiempos.

Se enseñaba como misterio esotérico en las iniciaciones egipcias, tres mil años antes de Cristo.

Veamos unos cuantos ejemplares, bastante esclarecedores, de esta tradición:

> Antes de nacer, el niño vivió y la muerte no acaba con nada. La vida es un devenir, *khèpraou*, pasa del mismo modo que el día solar que va a empezar.
>
> El hombre está compuesto por inteligencia, *khou*, y materia, *khat*.
>
> La inteligencia es luminosa y se reviste para vivir en el cuerpo con una sustancia que es el alma, *ba*.
>
> Los animales tienen alma, pero un *ba* privado de inteligencia, del *khou*.
>
> La vida es un soplo, *niwou*.
>
> Justo en el momento en el que el soplo se retira en *ba*, el hombre muere.
>
> Esta primera muerte se manifiesta de forma material por la coagulación de líquidos, el vacío de las arterias, la disolución de las materias que componen el cuerpo. Estos se conservan con el embalsamiento, incluida la sangre, que *ba* volverá a dar vida después del juicio de Osiris.
>
> El soplo está al servicio del alma.

¿Hacia una reconversión de las religiones?

Hay que reconocer que la Iglesia romana ha llevado a cabo actualmente un cierto giro, sobre todo, motivada por el hinduismo que propugna la doctrina de la reencarnación:

En el hinduismo, los hombres escudriñan el misterio divino y lo explican por la fecundidad infinita de los mitos y los esfuerzos penetrantes de la filosofía. Buscan la liberación de lo angustioso de nuestra condición a través de la meditación profunda o refugiándose en Dios, con amor y confianza…

La Iglesia considera con sincero respeto estas maneras de vivir y de comportarse, estas reglas y doctrinas que, aunque difieran en muchos puntos de lo que ella misma mantiene y propone, aportan a menudo un resquicio de verdad que ilumina a todos los hombres[12].

La tradición del Corán es aproximadamente la misma que la judeocristiana: resurrección, juicio final, vida eterna. Sin embargo, también encontramos en la tradición coránica un movimiento reencarnacionista, la *naskhiva*, que dio mucho que hablar durante el siglo X. Si podemos creer a Souheib Bencheikh[13], los adeptos de la reencarnación no son rechazados por los religiosos musulmanes no integristas.

El principio de analogía

Los Upanishad, libros sagrados hindúes conocidos desde el siglo VII a. de C., explican el karma y los ciclos vida-muerte-resurrección. Esta tradición no propugna el *todo se paga* sino el *todo se purifica*. Probablemente es en las relaciones analógicas donde se puede comprender y admitir el proceso reencarnacionista, sobre todo en la ley de los ciclos[14].

Existe, por ejemplo, una analogía entre los comportamientos de los planetas y el de los glóbulos de la sangre y este ejemplo se

---

12. Vaticano II, «La Iglesia y las religiones no cristianas», § 2.

13. Gran Mufti de Marsella y autor de *L'Islam et la laïcité*, Ed. Grasset, 1997.

14. Véase los anexos al final de la obra.

puede trasladar a cualquier savia vegetal. Y se podría seguir acumulando así innumerables ejemplos cíclicos cuya síntesis sería: «Un ciclo se cierra después de diseminar la vida con su ascensión y su caída entre dos niveles de densidades diferentes».

Lo que es materia está llamado a convertirse en espíritu: *todo se purifica* (y en la ley de los ciclos se apreciará que todo se hace más denso si no se eleva).

Otra analogía: un ser (espiritual o no) *vuelve a sus orígenes* mientras duerme y cuando se despierta *renace* a un nuevo día. Numerosas tradiciones dejan entrever que el sueño nos enseña a morir.

Nuevas visiones de la muerte

La vida en la muerte

«Nadie ha vuelto de la muerte para contar cómo es», estamos acostumbrados a oír o a decir.

Si bien a esta reflexión no le falta razón *a priori*, no deja de ser también el reflejo de una cultura que considera la muerte como un tema tabú, alimentado por el misterio, el morbo o el miedo.

De este modo nos enfrentamos a curiosas paradojas: esta cultura, típicamente occidental, empuja al ser humano a fingir que olvida su propia muerte, a vivir como si fuera inmortal y le impone un ansia de consumo enorme y preocupaciones económicas para días futuros inciertos.

De vez en cuando se embellece la muerte. Así lo hacía una publicidad aberrante en la que Jean-Marie Proslier, en el papel de simpático abuelo vestido de punta en blanco, aconsejaba preparar las exequias uno mismo para evitar muchos problemas[15]. El resultado es un extraño problema social: por una parte, la muerte es un tema tabú y por otra se comercializa.

15. Después de ver el personaje, al que no le falta humor ni talento, me pregunté si Jean-Marie Proslier no tendría serios problemas económicos para haber aceptado participar en esa publicidad.

Inmersos en un espíritu como este de confusión e ignorancia, por no decir de embrutecimiento, cómo podríamos abordar las grandes tradiciones de la muerte como el *Bardo Thödol* o «Libro tibetano de los muertos» y el *Libro de la salida hacia la luz* (texto tradicional del Antiguo Egipto), por no citar más que dos fuentes.

A partir de textos de este tipo algunos autores, como Georges Barbarin, han intentado con mayor o menor fortuna *vulgarizar* la vida tras la muerte. Esta *vulgarización* (occidental, tengo que añadir) se presenta de la siguiente manera: a semejanza de los nacimientos naturales, normales o difíciles, todas las muertes no son iguales. Aunque el fallecimiento supone un cambio de estado, no implica, por el contrario, ninguna modificación del alma *impregnada de individualidad*. Lo que somos, lo que hemos vivido nos acompaña al más allá.

Un espíritu bajo, sectario y materialista no puede comprender este nuevo estado *post mortem* y así se mantendrá obstinadamente anclado a lo que conoce en el mundo material y sufrirá por su incomprensión. Privado de la carne, se comportará a pesar de todo como si perteneciera todavía al mundo de los vivos y no cambiará hasta que comience a *errar*, situación que le permitirá finalmente admitir en qué se ha convertido en realidad.

Errar es una situación extratemporal, puede significar algunas horas o siglos en nuestro contexto tridimensional, pero no tiene ningún valor de espacio-tiempo para el alma errante. Este continuo errar conlleva un matiz de sufrimiento salvador. Al llegar al final de su aflicción, el alma (o lo que entendemos por ella) se separa por completo de la materia, lo que se acompaña de una aceptación y de las ayudas que la presencia de seres queridos aportan.

Para un ser que se hubiera preparado (por la iniciación o la espiritualidad) al paso de la vida a la muerte, esta última resultaría más fácil. En ocasiones algunas personas tienen la suerte de *deslizarse* en la muerte mientras duermen. Se podría decir que se duermen vivas y se despiertan muertas.

Aunque no tenga la fortuna de poder participar en este *deslizamiento*, su preparación, sin embargo, le ayudará a evitar el vagabundeo.

En todos los casos, en cuanto el alma se da cuenta de su nuevo estado, se convierte en juez perfecto e imparcial de sus acciones anteriores. De ahí la famosa cita bíblica: «Seréis juzgados como hayáis juzgado al prójimo».

Dicho de otro modo, se puede afirmar que el alma se juzga a sí misma según sus propios criterios anteriores de severidad o compasión.

Un individuo cuya existencia sea dolorosa o difícil está sufriendo, por lo tanto, su propio juicio que, recordémoslo, no es un castigo sino una salvación.

La persona desea comprender por qué sufre, por qué debe experimentar tantas injusticias y aquí es cuando surge el interés por recordar sus vidas anteriores.

Lo que acabamos de leer puede parecer cómico, pero no olvidemos nuestra propia comicidad si tenemos en cuenta la imagen de Dios que hemos desfigurado.

Además, por otra parte, todo lo cómico se inspira a la fuerza en una forma inicial.

El origen de la revelación es común, único y esencial; lo único que cambia es la manera de expresarlo.

La doctrina secreta de la muerte existe desde la noche de los tiempos, se esconde bajo la máscara de un sincretismo en el que intervienen *historias* intercambiables pero que proceden todas de la realidad *post mortem*.

Si en todas las religiones la muerte se asocia siempre a la resurrección o la reencarnación es porque la muerte contiene la vida al igual que la vida contiene la muerte.

El estado intermedio

El estado intermedio *post mortem* se describió en la antigüedad egipcia, en la grecorromana y en la teosofía y también lo encontramos descrito en nuestros días en las tradiciones religiosas de India, Tíbet, etc.

Todas estas tradiciones presentan el estado intermedio como una condición difícil que puede traer la peor de las cegueras, según los casos. De hecho, todas ellas coinciden al afirmar que el iniciado no estará protegido de esta ceguera a menos que disponga de un serio *entrenamiento para la muerte*. Necesitará pensar todos los días de su vida en la muerte, pero no de una forma morbosa sino todo lo contrario, con un espíritu de liberación. Sólo entonces se revelará una *luz fundamental* que envuelve al alma y que hace que se convierta a su vez en esa luz y se funda con ella.

El acompañamiento del moribundo y después del alma se practicaba en Egipto y se practica todavía en nuestros días, sobre todo en Tíbet. Este acompañamiento tiene como fin guiar al alma que, desde su última reencarnación, ha trabajado para su realización espiritual. Se la dirige hacia la visión penetrante del más allá cubierto de proyecciones ilusorias que no son sino los residuos de un alma de la que no se ha desembarazado el difunto.

En este extracto del *Bardo Thödol* se describe este estado intermedio con la siguiente oración para el difunto:

> Ahora que debo errar por el estado intermedio, bajo la influencia de las tendencias irresponsables, por los caminos luminosos del abandono del miedo y el terror, que me guíen las divinidades serenas e irritadas y que las poderosas divinidades femeninas, esfera de todo conocimiento, me impulsen por detrás, me liberen del camino vertiginoso de los miedos del Bardo (estado intermedio) y me coloquen en el despertar total y completamente puro de Buda.

Atado a lo que amaba, tendré que vagar en soledad.

Ahora que aparecen las imágenes vacías del espejo de mis propias proyecciones, puede evitarse el miedo y la angustia del terrorífico Bardo gracias a la compasión infinita de Buda.

Ahora que las cinco luces puras[16] de la sabiduría fundamental brillan aquí, ojalá pueda, sin miedo ni angustia, reconocer el estado intermedio.

Puesto que debo sufrir por motivo de mi karma negativo, ojalá puedan los divinos *yi-dam*[17] ahorrarme el sufrimiento.

Puesto que el sonido fundamental de la verdad en sí misma resuena como mil truenos, ojalá pueda convertirse para mí en el sonido de seis sílabas: *om mani padme hum*.

Puesto que sufro aquí acciones que cometí a causa de mis malas inclinaciones y se me aparece la luz clara que es la felicidad del estado de meditación, ojalá puedan los cinco elementos no serme hostiles, ojalá pueda verlos como si fueran los campos de manifestación de los Budas de las cinco familias.

Prepararse para morir

Una de las principales diferencias que existen entre Oriente y Occidente tiene que ver con la representación que en cada tradición suele hacerse de la muerte. Por supuesto, en ambos mundos existe el mismo temor al *paso*, pero ese temor en Occidente se transforma en terror.

Esa angustia se convierte en algo cultural desde el momento en que averiguamos que se extendió por un dogmatismo antitradicional y únicamente *filosófico*. Por esta razón, la totalidad de la

---

16. Los cuatro elementos y el éter.

17. En la espiritualidad tibetana, los *yi-dam* representan poderes arquetípicos que el difunto puede visualizar de manera espantosa; son el revés de la divinidad (el *Diablo* con respecto a *Dios*) y la fase final del desarrollo espiritual. El iniciado que se haya concienciado de su propio *yi-dam* sabrá trascender para encontrar su propia luz y liberarse de una nueva encarnación.

cristiandad occidental se refiere menos a la tradición pura de Cristo que a la inspiración mística de Saulo de Tarso, convertido posteriormente en el apóstol San Pablo y reconocido *santo* por la Iglesia romana. Las afirmaciones de San Pablo relativas a la muerte son paradójicas, ya que establecen por igual la esperanza en la vida eterna y el miedo a la nada absoluta.

Mientras que la cultura religiosa occidental culpa al individuo, la cultura religiosa oriental (o, al menos, la gran mayoría de las tradiciones que la conforman) se acerca a la supresión de la culpa al mostrar que la muerte no es un fin en sí misma y que es necesario prepararse para ella. Esta preparación no tiene nada que ver con el determinismo fatalista de la condenación sino con una predisposición espiritual que afronta el temor en beneficio de un *conocimiento* que cada persona dirige en sí misma.

La iniciación es, sin duda, la mejor manera de encontrar este conocimiento y no es descabellado pensar que uno mismo pueda iniciarse después de haber recorrido su propio *camino iniciático*, es decir, la experiencia de la vida presente, que es la prolongación y la suma de experiencias de vidas anteriores.

Sin querer caer en el proselitismo por mi parte, diría que la iniciación masónica es la mejor (o, mejor dicho, la menos mala) que existe en Occidente, aunque no por ello se puede llegar a la conclusión de que sea la panacea. Sólo se trata de una apertura para el ser capaz de abrirse, de recibir. Y, me gustaría añadir, un medio de sustitución simbólica que nos evoca al Fénix que renace de sus cenizas.

En la masonería, el paso al tercer grado de *maestro*, si se recibe adecuadamente (pues esta recepción no es ni más ni menos que incierta por parte del adepto), representa una muerte simbólica cuya importancia no hay que desdeñar. En consecuencia se trata de una preparación a morir, pero también a renacer.

Disponerse a morir significa preparar la última iniciación de esta vida para prolongarla en la vida multidimensional.

Por supuesto, uno se puede preguntar cuáles son las mejores bazas para esta preparación. Son tan fáciles de conseguir como difíciles de aplicar: respeto de todos los valores fundamentales, apertura de espíritu, supresión del temor, aplicación de la fraternidad hacia los demás sin hacer distinciones.

Esto se puede resumir en una única palabra (algo desprestigiada): amor.

La noción del karma

Si bien la noción del karma pertenece a la tradición oriental, es cierto que la volvemos a encontrar en todas las tradiciones bajo diferentes términos. El concepto sintetizado del karma expresa todas las tendencias que llevan a la acción positiva o negativa pero también todos los pensamientos; en otras palabras, se trata de un poder metafísico que determina el destino del ser humano.

En sánscrito, la palabra *karma* significa «rueda»; de hecho, es una *rueda* que se corresponde con la ley de los ciclos.

El karma es el destino individual, pero también el colectivo de grupos o países. Es lo que se llama un «karma colectivo». La ley de la causalidad se prolonga así pudiendo afectar por separado a cada miembro de una sociedad, de una secta, una familia, un grupo de amigos o una pareja, según el grado de responsabilidad específica.

El karma colectivo se aprecia claramente tanto si es positivo como si es negativo; es más ligero en el bien y más pesado en el mal.

En un karma colectivo las nociones de *bien* y *mal* son sutiles porque numerosas personas creen que están obrando bien cuando hacen el mal.

Conozco a un matrimonio en el que la mujer no pudo separarse de la autoridad paterna, que confundía con el amor, hasta

45

el punto de que, al no poder separarse de sus padres, los impuso a su marido en una cohabitación más o menos bochornosa.

En realidad, el padre y la madre son ambos personas generosas y calculadoras. Generosas en el sentido de que contribuyen ampliamente al bienestar familiar; calculadoras en el sentido de que esta generosidad les permite además hacer importantes economías. Economías que probablemente revertirán en su hija en el momento de heredar.

Sin lugar a dudas, este padre y esta madre, víctimas del miedo al mañana (miedo que han transmitido a su hija), están convencidos de obrar bien. En ningún momento se les ha pasado por la cabeza que su autoridad bienhechora pueda hacer trizas la casa de su hija.

En este ejemplo, se puede apreciar cómo el karma colectivo se reparte: el padre asumirá la carga kármica más pesada y su espíritu estará invadido por igual por la sorpresa y la contrición.

En cuanto a los *simples ejecutores* (la madre, la hija, el yerno), su carga kármica será proporcional a su buena o mala voluntad, pero también a su grado de pusilanimidad.

Cualquier acción o pensamiento intencionado (incluso si no se realiza) produce los efectos de la ley de retorno (efecto bumerán). Habitualmente se considera la ley kármica como un castigo. Se trata de un error de comprensión ya que, recordémoslo, el karma no dice *todo se paga* sino *todo se purifica*; no es pues punitivo, es salvador. Quemar el karma responde a una mejora purificadora. No hacerlo supone conservar su peso, es no ver u olvidar las lecciones de la existencia.

La encarnación procede del deseo de individualizarse[18] para experimentar la materia. No es ni un pecado ni un contrasentido sino sólo una necesidad. Una necesidad puntual que debe

18. Sería mejor utilizar aquí el neologismo *individuar*.

enseñarnos que el mundo material no es un fin en sí mismo y que la individualización comporta una reducción frente a lo universal. Comprender esto, para lo que se necesita un cierto número de existencias, debe conducir al ser humano a interrumpir el ciclo de las reencarnaciones para encontrar su estado esencial. Pero esta comprensión sólo se lleva a cabo cuando se regresa a la espiritualidad.

Es entonces, y solamente entonces, cuando el hombre experimenta el traumatismo de su prisión corporal. La lucha no es menos ardua y difícil, ya que el ego, al perder el recuerdo de su origen divino, se identifica por completo con el físico, con los sentidos limitados de este y por eso las encarnaciones deben continuar sucediéndose para almacenarse a través de la involución, pero sin parar de evolucionar.

La paradoja es sólo aparente: la evolución sería imposible sin el obstáculo de la involución. En otras palabras, sólo en la oscuridad se encuentra la luz.

Lo que somos hoy es la suma de todas las experiencias vividas con anterioridad. Algunas de ellas se han borrado por el *pago de la deuda kármica*; otras, por el contrario, siguen considerándose *impagadas*. Por eso nos interesa saber cuáles son exactamente nuestras deudas y comprender, al mismo tiempo, por qué vivimos una u otra situación.

En Occidente se ha vulgarizado el karma sin definir sus diferentes aspectos y sólo se ha retenido el fundamento tradicional, es decir, que representa el peso de los actos y de los pensamientos acumulados en las vidas sucesivas del individuo. Ahora bien, en el caso del budismo, el conjunto de elementos que constituyen el karma es el encargado de expresar la vida individual.

Esta noción se encuentra en contradicción con el hinduismo, que propugna que la entidad individual es el soporte del karma.

Para una de las religiones más antiguas de India, el jainismo, los seres vivos y la materia inerte están estrechamente ligados en la existencia por el karma. El fin supremo es destrozar este lazo para alcanzar el estado primordial de lo *absoluto*.

Algunas teorías reencarnacionistas

Antes de presentar y estudiar ciertas prácticas convendría examinar en primer lugar las diferentes teorías de la reencarnación.

Hasta que el niño tiene una edad de cinco o seis años cuenta con más oportunidades de tener uno o varios recuerdos de las vidas anteriores. Según esta óptica, muy cercana a la astrología kármica, el renacido elegiría su propio contexto (signo zodiacal, familia, raza, lugar) trayendo de nuevo a este mundo la suma de las experiencias vividas anteriormente (y las correcciones que aplicar) que se borrarían a lo largo de su crecimiento, sobre todo debido a la cultura más o menos materialista en la que se vería inmerso. Pero la meta que debería alcanzar sería, justamente, liberarse de esta cultura para hallar la esencia y el sentido verdadero de su propia vida.

Los testimonios al respecto son numerosos, principalmente en India, Tíbet y todo el mundo asiático. Pero más aún entre las etnias llamadas «primitivas» que viven en armonía con la naturaleza. Este hecho no puede ser fruto de la casualidad.

Uno de los testimonios más conocidos se remonta al año 1933 cuando, poco tiempo antes de morir, el decimotercer Dalai Lama confió a sus allegados las circunstancias que rodearían su próxima reencarnación. Todo lo que el Dalai Lama profetizó se produjo. Los enviados emprendieron el viaje siguiendo las precisas indicaciones del Dalai Lama y llegaron a una pequeña población cercana a la frontera con China.

Encontraron a un niño de cuatro años que reconoció a los dignatarios tibetanos por su nombre y dijo de dónde venían y cuál era exactamente su misión. Se presentaron diversos objetos al niño entre los que se contaban algunos que habían pertenecido al Dalai Lama. El chico identificó sin equivocarse los objetos que este había poseído.

Sin embargo, eso no bastó para reconocer la reencarnación anunciada. El niño debió pasar varias pruebas espirituales y también físicas para que se pudiera afirmar con seguridad que se trataba claramente del decimocuarto Dalai Lama.

Otra teoría se superpone a la de la reencarnación: la de la metempsicosis, cercana a la transmigración de las almas. Estas habrían de pasar por todos los reinos de la naturaleza: mineral, vegetal, animal y humano. Cualquier persona podría regresar hacia un reino inferior que hubiera maltratado.

Esta teoría encuentra sus adeptos entre algunos pueblos de los indios de América del Norte y de América latina. Dichos pueblos veneran la Tierra como si fuera una entidad viva, sólo utilizan sus recursos de forma equilibrada, *curan* el suelo de labor con misteriosos rituales, sólo cazan para alimentarse y realizan otros rituales para que el animal sacrificado evolucione hacia un estado superior. Las partes inutilizables de su cuerpo se entierran con una ceremonia religiosa o se queman, dependiendo de las etnias.

Evidentemente se puede hablar de superstición pero, si se mira más de cerca, se aprecia en cualquier caso que estas *civilizaciones primitivas* sienten un gran respeto por la vida bajo todas sus formas y que la sociedad de consumo en la que estamos inmersos les repugna.

Otra teoría reencarnacionista habla a menudo de *viejas almas* que existirían desde mucho antes que las otras y que habrían extraído de sus largas peregrinaciones sabiduría y conocimientos importantes.

Una teoría diferente contradice la anterior: todos y todas somos *viejas almas* que, si bien hemos sido creados al mismo tiempo, hemos evolucionado unos más deprisa que otros.

En cuanto a la teoría del *alma gemela,* defiende la idea de que existe nuestra *media naranja* en esta vida o en otra.

Ponerse de acuerdo sobre esta teoría parece difícil. Por una parte, para algunos, el alma es única; sin embargo, para otros, es doble y se habría separado de su complementaria, igual que el andrógino.

A falta de almas gemelas (o quizás añadidas) existen las almas amigas en este mundo y en el otro.

La astrología kármica

De acuerdo con el concepto de astrología kármica, todo ser humano ha elegido antes de nacer su signo zodiacal. Este no es el momento de definir las técnicas de la astrología pero sí de retener las lecciones kármicas de cada signo[19]:

Aries ha elegido el elemento Fuego, la audacia, la intuición, la espontaneidad. Para lograr su evolución kármica debe poner freno al despilfarro de su energía y encontrar la energía pura del *fuego sagrado* (la espiritualidad).

Tauro ha elegido el elemento Tierra, la paciencia, la fuerza, la fecundidad, un magnetismo poderoso. Su evolución kármica le exige vencer sus celos, su instinto de posesión, dejar de *rumiar* su venganza, transformar su sensualidad en espiritualidad.

Géminis ha elegido el elemento Aire, la inspiración del alma. Están obligados a vencer la inestabilidad, la insatisfacción y el olvido porque este signo zodiacal simboliza sobre todo la inteligencia sutil.

---

19. Estas indicaciones son generales. Habría que añadir, entre otras cosas, la importancia del signo ascendente.

Cáncer ha elegido el elemento Agua, la virtualidad de la vida, la calma, una sensibilidad femenina de la que se desprende una gran intuición. Su progresión kármica pasa por la búsqueda de sí mismo y de los demás.

Leo ha elegido el elemento Fuego, la pasión, la belleza. Es un ser completo que rechaza las medias tintas y la piedra de choque que ha colocado sobre su propio camino para destruirla; en resumen, autoritario y orgulloso. Su objetivo kármico es reconocer que el fuego que quema no es humano sino divino.

Virgo ha elegido el elemento Tierra (para fertilizarse), la honestidad, el aislamiento, pero también la convivencia. Su objetivo kármico no es nimio, debe vencer sus miedos, sus inquietudes, olvidar su sentido de la seguridad material para que su espíritu se fusione finalmente con la inteligencia divina.

Libra ha elegido el elemento Aire, el nexo con la justa medida, la ponderación, la delicadeza pero Libra vive con sus remolinos interiores sin sacarlos nunca a la luz (¡menuda paradoja!) y sin equilibrio. Su objetivo kármico es justamente encontrarlo.

Escorpión ha elegido el elemento Agua, los valores oscuros, secretos, escondidos, alquimistas. Es un signo de dolorosas mutaciones pero su objetivo kármico es grandioso: la reintegración del principio divino.

Sagitario ha elegido el elemento Fuego, el ardor, el entusiasmo, el altruismo. Su objetivo kármico no es sencillo: vencer su ego a lo largo de su vida presente (lo que significaría que Sagitario ya se ha purificado en sus vidas anteriores).

Capricornio ha elegido el elemento Tierra, la interiorización, la concentración. Su objetivo kármico es la renuncia y el ascetismo.

Acuario ha elegido el elemento Aire, el amor universal. Debe vencer su frialdad, su irritabilidad, la libertad demasiado grande que se concede, en ocasiones en detrimento de reglas elementales. Su objetivo kármico no es de menor importancia: penetrar en la conciencia universal donde alcanzará el poder de su evolución.

Piscis ha elegido el elemento Agua, la bondad, la sensibilidad. Tiene que vencer su vulnerabilidad, sus fantasmas, su voluntad débil. El objetivo kármico es final: fundirse con el Gran Todo.

La importancia de la vocación

Sin duda nos equivocaríamos al negar la astrología kármica, en lo que a la vocación del individuo se refiere, es decir, sus aptitudes reales, las que le permitirán saber lo que es realmente y no lo que ha hecho o lo que quiere hacer.

En la actual coyuntura en la que domina el desempleo, es cierto que la vocación se encuentra en un segundo término por la necesidad de encontrar un trabajo, en ocasiones sólo un medio puntual para sobrevivir.

Este fenómeno social (esta *crisis*) relega al individuo a una situación miserable en la que el estudiante con vocación se encuentra en la necesidad de someterse, de aceptar cualquier oferta de empleo; y es así como vemos a muchos licenciados convertirse en mantenidos, empleados sin cualificación, cuando, por vocación, estaban destinados a otras profesiones.

Ciertamente no hay oficios inútiles pero la vocación tiene una importancia primordial, capital, porque pone en movimiento todas las aptitudes del ser humano, que se siente realizado en cuanto lleva a cabo aquello para lo que está hecho.

La vocación es tan fuerte entre algunas personas que consagran todo su tiempo en cumplirla sin reparar en ningún impedimento posible o imaginable.

Hemos encontrado esta cualidad en Elisabeth Kübler-Ross, en Krishnamurti, en el escritor Henry Miller y así podríamos citar un montón de nombres, conocidos y desconocidos. Todos ellos obedecieron u obedecen sin poner trabas a la *llamada del alma* que, de hecho, parece ser un *recuerdo* de vidas anteriores y, por qué no, un cumplimiento en la vida presente.

En numerosos casos se aprecia, por ejemplo, cómo difícilmente se lleva la contraria a la vocación artística. La persona ha de sufrir frecuentemente para alcanzarla rupturas familiares, sentimentales o de cualquier otro tipo, lo que hace que se convierta en un poder francamente indestructible.

A tal efecto, no hay modo de lograr materialmente una existencia de artista si no se cuenta con una dimensión artística propia, inevitablemente consagrada al descubrimiento espiritual. Es de gran importancia, incluso vital, en toda vocación. Aunque no se trate obligatoriamente de una vocación artística o científica, conduce inevitablemente hacia un descubrimiento de la profundidad individual.

Tomemos el caso de un financiero o de un materialista que por vocación ejerce (o ha ejercido) un trabajo relacionado con el dinero. Al final, acabará por comprender toda la diferencia que existe entre el *tener* y el *ser*.

Recordar las vidas anteriores no es sólo soñar, confiar en la intuición, practicar las diferentes técnicas expuestas en esta obra o en otros libros, también es utilizar herramientas concretas que pertenecen a nuestra realidad actual y entre estas herramientas la vocación individual no es sin duda la de menor importancia. La vocación ejercida permite, a corto, medio o largo plazo, comprender nuestro destino verdadero, el que se eligió libremente de este lado del espacio y el tiempo y que debe perseguirse más allá del espacio y el tiempo (según los datos de la astronomía kármica).

Esta apreciación *irracional*, metafísica, adquiere sin embargo todo su valor cuando se conocen individuos (y Dios sabe que hay muchos) que, de forma brusca, abandonan un bienestar material para dedicarse por entero a su vocación.

Basta con encontrarlos para constatar hasta qué punto ha resultado positiva su evolución. Y si cito este hecho es porque puedo hablar de ello con conocimiento de causa.

De la teoría a la práctica

¿Quién puede recordar sus vidas anteriores?

La respuesta es doble: todo el mundo y sólo unos pocos.

Aquí de nuevo no se trata de una cuestión de elitismo sino de evolución. El recuerdo no serviría de nada si no permitiera al ser progresar en su evolución. El recuerdo sólo puede comenzar con un cierto grado de espiritualidad que puede situarse dentro de una curiosidad legítima cuya finalidad es la de *comprender*.

Si algunos sabios hindúes poseen un recuerdo casi perfecto de sus vidas anteriores es porque su estado de gran espiritualidad les permite alcanzar niveles insospechados para el común de los mortales.

El hecho de elevarse espiritualmente abre el origen de los recuerdos enterrados en el subconsciente, que puede considerarse como un *guardián del umbral*. Efectivamente, un ser sin preparación espiritual que tuviera recuerdos de vidas anteriores caería en la demencia.

Por el contrario, un avance espiritual puede permitir un primer paso hacia este género de recuerdos. A tal efecto existen multitud de testimonios entre los que se cuenta el de Gloria Chadwick.

En su libro, *Discovering your Past Lives* publicado en los Estados Unidos, Gloria Chadwick cuenta cómo ella comenzó a interesarse por la reencarnación en un cementerio de una ciudad en la que nunca había estado. De repente, se echó a llorar delante de una tumba con la absoluta certeza de estar enterrada allí; un nombre y una fecha le vinieron a la mente. Estaba demasiado oscuro para ver otra cosa que no fuera la lápida. Creyó que se estaba volviendo loca pero volvió, a pesar de todo, a la mañana siguiente al cementerio, en pleno día. El nombre y la fecha grabados en la lápida eran los que le habían venido a la memoria el día anterior.

Gloria Chadwick había adquirido una capacidad espiritual que le permitía una cierta memorización. Ahora bien, no surge de manera lineal, como un carrete que se desenrolla de principio a fin. En un primer instante se trata de emociones incontrolables, sensaciones nítidas, piezas de un rompecabezas que hay que anotar para poder reconstruir, si no toda una vida, al menos acontecimientos vividos, coherentes, que permiten comprender al que los percibe *por qué es así* y *qué debe hacer*.

Si el resultado de estas experiencias, aparentemente demenciales, escapa al espíritu materialista es, por el contrario, de gran importancia para el ser espiritual y toda controversia al respecto resultaría tan inútil como estéril.

La gran equivocación de las personas que viven este tipo de experiencias es querer convencer a los demás. Conviene dejar a cada uno con sus propias convicciones para que pueda evolucionar individualmente en total libertad. No se trata solamente de continuar siendo abierto, receptivo, lo que cuenta principalmente es lo que se ha vivido. Utilizar la inteligencia, la sensibilidad, el análisis no pondrá en funcionamiento obligatoriamente el extraño proceso de memorización teniendo en cuenta que esta memoria es muy diferente de la que utilizamos todos los días. Para una primera toma de contacto, si hay que aconsejar una técnica, sería la de *soltar la presa, dejarse ir*, escapar de todo lo que se opone al intelectualismo en general y a la mente en particular.

Todo puede comenzar por la duda y la confusión. Todo puede conducir al descubrimiento, a la profundización de una gran espiritualidad.

Pero, ¿qué significa comenzar, en sentido de *initium*? Es tratar de comprender el sentido y el objetivo de la vida en su plenitud, así como el sentido y el objetivo de nuestra propia vida, por supuesto.

A fuerza de profundizar en una religión, en una filosofía, en todo lo que es exterior a él mismo, el hombre ha *olvidado* que la única verdad descubierta, aquí y ahora, reside en él mismo y nada parte de fuera.

Si hubiera que decirle algo positivo al ser humano podría ser algo así: «Existes, no eres cualquiera o cualquier cosa, sino un ser único, el destello de un gran sol que explosionó y que debes reconstruir desde ti mismo, a medida que vayas adquiriendo plena confianza».

Es la primera de las *técnicas* que hay que adoptar para intentar encontrar las vidas anteriores.

A partir de ahora, no se trata de *creer* sino de experimentar, o, mejor dicho, de *experimentarse*, de no escuchar más que la voz interior de uno mismo, es decir, no al yo egoísta sino al *ello* subliminal que aflora desde las profundidades de la consciencia. Lo que las religiones tienden a llamar «alma».

Escuchar de este modo, es *comprender* que la muerte es sólo un paso, un ciclo, como la existencia encarnada. También es el medio de adquirir un conocimiento mayor y de aportar una solución a las acciones negativas. Estas son las lecciones del karma.

Del azar a la necesidad

Sería largo, inútil y fastidioso elucubrar sobre las nociones de *azar*. Para quedar convencido de que no existe basta con mirar detrás de uno y examinar la extraordinaria suma de *azares* que hace que nos convirtamos en una cosa u otra. La repetición de componentes es demasiado *azarosa* (sobre todo para una persona madura) para que el azar, que tiene buenas espaldas, soporte nuestras desgracias y alegrías.

Hemos visto, al respecto, que el karma no es sólo personal, se puede compartir con otro individuo o con un grupo. Las injusticias aparentes toman nuevos significados en ese caso, en cuanto se comienza a explorar una o varias vidas anteriores.

A medida que se lleva a cabo esta exploración se aprecia que un reencuentro bueno o malo no se debe al azar sino a la necesidad y lo mismo sirve para una acción positiva o negativa.

Todo lo que producimos es el efecto de una causa, misteriosa sin duda, pero indudable.

Elisabeth Kübler-Ross, anteriormente citada, tenía, por lo que parece, un karma muy pesado. Su vida presente fue de las más duras. Preguntó a su *maestro* si, después de esta vida, tendría por fin derecho a descansar, es decir, a no volver a reencarnarse, a lo que el maestro le respondió: «Nos reencarnaremos poco tiempo en el cuerpo de un niño enfermo porque aún necesitamos un poco de humildad»[20].

El fenómeno de la trascendencia

Gracias a las entrevistas que llevé a cabo sobre un tema tan delicado como la muerte, pude clasificar un cierto número de fenómenos. Se trata en este caso de una superación de la personalidad o, mejor aún, de una verdadera trascendencia.

---

20. Elisabeth Kübler-Ross puntualiza que su *maestro espiritual* siempre dice «nosotros» como si él y ella fueran sólo uno.

Aunque no me atrae particularmente la competición deportiva, me sorprendió encontrar esta trascendencia en lo que hoy recibe el nombre de *deportes de riesgo*.

Antes de empezar hay que dejar algo muy claro: tirarse de lo alto de un puente atado con una goma tiene que ver con la búsqueda de una sensación fuera de lo común en la que cualquier juicio de valor no tendría sentido. Todas las entrevistas recogidas sobre el tema definen más o menos el mismo sentimiento: no es desagradable flirtear con la muerte.

Ahora bien, ese *flirteo con la muerte* no es la meta del escalador, de los montañeros como por ejemplo Patrick Edlinger, Patrick Berhault, Rob Schulteis o Frédéric Bourgeois, por citar algunos.

Es muy significativo lo que opinan algunos de ellos sobre su deporte:

> El escalador es un artesano capaz de reconocer la materia con la que trabaja; esto le conduce a una búsqueda espiritual para la que no utilizo ninguna *filosofía* en concreto. Me conformo, por ahora, con constatarlo (Patrick Berhault).

> Jugar para ganar no tiene demasiado que ver con las gestas locas y sagradas que se emprenden desde lo más recóndito de nosotros mismos (Rob Schulteis).

> La escalada es un combate contra uno mismo. El arma esencial de ese combate es la fuerza impalpable que reside en cada uno de nosotros y que desarrollamos más o menos según nuestras inclinaciones (Frédéric Bourgeois).

¿Es que tal vez la hiperoxigenación produce sobre el espíritu humano un cambio de estado? No es imposible, es muy probable, es más, es cierto. Pero este cambio de estado se produce también en el marino solitario, en el astronauta, en el explorador que atraviesa en solitario los hielos de Groenlandia.

Poco importan los medios empleados, tan sólo quiero subrayar el estado de trascendencia que suscitan.

Franquear este umbral no supone que haya que expatriarse o practicar un deporte de riesgo; concentración, meditación u oración para el creyente son medios eficaces para elevar el espíritu hacia *planos superiores* (véase cuadro). A partir de este estado de trascendencia la memoria humana se abre a *otra memoria*.

LOS PLANOS SUPERIORES

«Elevar el espíritu hacia planos superiores» es una terminología religiosa, en el sentido de «unir» o «religar», del latín religare. Habitualmente se atribuye a esta expresión una «religiosidad» que degrada la realidad del fenómeno trascendental. De hecho, se trata de un cambio de estado que se puede obtener mediante la concentración, la meditación, el rezo, pero también por técnicas sofrológicas como la relajación o la hipnosis.
Existen otras técnicas sobre las que volveremos más tarde.

Volver a confiar en uno mismo

Se quiera o no se quiera, se admita o no, la sociedad materialista, en la que la mayoría intenta sobrevivir, ha cercenado los poderes del hombre tachándolos de «fenómenos» o de paranormales a pesar de que son completamente naturales.

Al igual que el niño pierde el recuerdo de sus vidas anteriores al crecer, el hombre adulto ha perdido, olvidado y destruido su principal dimensión humana, la confianza en sí mismo.

Estamos obligados a reconocer que esta confianza ha sido saqueada por la autoridad de las religiones, políticas y las diferentes culturas que rigen al Hombre desde miles de años.

Un autoritarismo de estas dimensiones reduce al ser humano al rango de un esclavo que sin maestro se siente desesperado. De ahí proviene un estado extraordinariamente miserable que constato a menudo a la hora de pasar consulta con personas cuya demanda prueba que no pueden vivir ya sin contar con los demás. Es la puerta abierta a todas las desviaciones *parapsicológicas* y las estafas de los falsos gurús y otros *videntes* que pretenden responder no a las grandes cuestiones metafísicas sino a hechos cuya importancia es sólo temporal, cuando no fantasmagórica: ganar dinero, recobrar el afecto, quitar embrujos, y podría seguir con otras peores.

Las ciencias llamadas «paralelas» u «ocultas» tienen también problemas para integrarse en las ciencias humanas. Sin embargo, su realidad se muestra ineludiblemente en el mismo momento en que se utilizan de forma positiva.

La numerología, la cosmobiología, la astrología, los biorritmos, la ciencia del tarot o la geomancia son ciencias antiguas que, bien dirigidas, pueden aportar una ayuda considerable a las personas y hacerles encontrar su dimensión real y, como resultado, la confianza en sí mismos.

En este campo, un auténtico practicante no juega, hablando con propiedad, un papel de *vidente*. En primer lugar se dedica a reposicionar a la persona que le otorga su confianza.

Reposicionar a un individuo es saber confrontarle a todas las energías sutiles que le influencian, indicarle los días, los meses, los años que le serán favorables para una u otra empresa.

Y esta prevención es una primera herramienta para conocerse, es más, para reconocerse y poder así romper las cadenas de su esclavitud que dirija por sí mismo su propio destino. Pues, contrariamente a lo que se cree (o de lo que nos quieren hacer creer), la predestinación es un señuelo, nada está escrito, o más bien existen *varias escrituras*, un número incalculable de caminos trazados previamente.

Bastaría con no ignorarlos para enrolarse en la *vía individual conveniente*[21].

No cabe duda de que todo lo dicho hasta ahora se ha mencionado con demasiada premura y merece, por lo menos, una explicación sucinta.

Sirva como ejemplo la técnica que utilizo para reposicionar a un individuo y a continuación, hacer que encuentre de nuevo plena confianza en sí mismo.

Su apellido, su nombre, su sexo y la fecha de su nacimiento indican su profunda individualidad gracias a la interpretación de la numerología y la astrología.

Esta primera aproximación pone en relieve los puntos positivos y negativos de la persona que deben ser reconocidos, tanto unos como otros, honestamente.

En ocasiones la persona que consulta encuentra el procedimiento demasiado mágico como para concederle total crédito. Entonces hago intervenir el aspecto biorrítmico comparativo que, para su gran sorpresa, confirma sus aspectos negativos y positivos[22].

Desde ese momento compete a la persona comportarse en consecuencia. Realizar una acción como esta no es nunca fácil puesto que implica una gran concienciación, pero la experiencia demuestra que esta concienciación, por pequeña que sea, acaba siendo la chispa que hace que todo estalle.

Los primeros resultados obtenidos, positivos, determinan la propia confianza que es primordial sobre todo para emprender

---

21. La «buena vía individual» a la que se refiere se corresponde con la cita bíblica: «Hay muchas moradas en la Morada del Padre». O también con la famosa expresión popular: «Todos los caminos llevan a Roma». Lo que quiere decir que cada persona debería seguir la vía que le convenga y no la que se le imponga. La naturaleza, de la que se dice que hace bien las cosas, respeta así la sensibilidad de todos y de cada uno.

22. Véase en los anexos de la obra qué son los biorritmos.

la vuelta al Ello, que es sinónimo de conocimiento, de gran recuerdo y, también he de añadir, de *conocimiento de las vidas anteriores*.

El misterioso proceso emocional

En algunas personas la sensibilidad emocional está más desarrollada que en otros individuos. En general, los creadores y los artistas se ven favorecidos por esta cualidad.

He conocido pintores que, gracias a su arte, han percibido *destellos* de sus vidas anteriores; algunos de ellos han podido reconstruir fragmentos de vida importantes. Este es el caso de Rob Jullien, desaparecido demasiado pronto, al que dediqué numerosos artículos[23].

Este fenómeno, por el momento tan misterioso como inexplicable, no es por ello menos real. Puede producirse con ocasión de un encuentro con una persona desconocida que atrae irresistiblemente nuestra simpatía o, por el contrario, parece provocar un sentimiento de repulsa sin razón aparente en ambos casos. En estas circunstancias, no se trata de simpatía o antipatía ordinarias sino de una *poderosa* atracción o repulsa que puede, en algunos casos, provocar un desarreglo físico como vértigos, vómitos e incluso desmayos.

Estaríamos en ese caso frente a una *rememoración* fortuita pero cuya persistencia abriría la intuición.

Según numerosos testimonios, verificados y estudiados por psicólogos estadounidenses (como los profesores Kelsey y Grant), un ser con sensibilidad emocional desarrollada reaccionaría así

23. Sobre este tema y del mismo autor, *Le mystère des fantômes et apparitions*, París, Éditions De Vecchi, 1996.

debido a las emociones de una vida anterior, sin por ello poder acordarse del tipo de situación que le recuerdan. Asimismo, se encontraría frente a algunos sentimientos incomprensibles porque no tienen relación con el contexto actual.

Con independencia de mis propias experiencias he constatado entre otras personas el mismo fenómeno producido inesperadamente en un lugar específico.

Cuando se comienzan a sentir esas emociones, sobre todo, no hay que dejarse llevar por ellas sino aprender a relajarse, a no dejarse dominar por el miedo o la admiración, para percibirlas lo más tranquilo posible.

Si bien no es fácil aceptar de golpe un famoso fenómeno paranormal, sí es, por el contrario, muy sencillo comprender que, científicamente hablando y como decía Newton «no hemos recogido más que algunas piedrecillas en la playa».

Dicho de otro modo, reconozcamos humildemente nuestra ignorancia e intentemos ponerle remedio de manera inteligente.

El miedo o la admiración producen energías contradictorias que, al final, pueden convertirse en obstáculos.

No hace falta que nos extendamos demasiado sobre el miedo, origen de todos los bloqueos. En cuanto a la admiración, puede conducir a un espíritu frágil hacia ilusiones que ya no tienen nada que ver con la suprarrealidad.

Ciertamente, esto puede hacer sonreír a un racionalista pero, ¿cómo no tomar a broma este tipo de fenómenos cuando encontramos a personas que afirman, con una sinceridad apabullante, que son la reencarnación de un personaje célebre? En lo que a mí respecta, me he encontrado con varias Juanas de Arco y, en una de mis conferencias, la *reencarnación* del rey Arturo se presentó ante mí afirmando que yo era William Shakespeare reencarnado.

En momentos así se aprecia hasta dónde puede llevar la *admiración* por las vidas anteriores.

El aprendizaje de las percepciones

Uno puede preguntarse *cómo* y *por qué* algunos recuerdos de nuestras vidas anteriores vuelven a la superficie de nuestra mente consciente. Pero también se puede plantear la misma pregunta en lo que concierne a los acontecimientos importantes de nuestra existencia actual. ¿No se dice, por ejemplo, que el guía se presenta cuando el adepto está preparado?

Cuando comenzamos a percibir lo extradimensional significa que estamos preparados para aceptarlo, en primer lugar, y comprenderlo a continuación, lo que requiere un aprendizaje más o menos largo.

La percepción comienza con emociones, fragmentos de recuerdos, pensamientos inesperados, visiones sin coherencia o también con la repetición de algunos sueños que pueden incluso estar revestidos por un aspecto simbólico. Algunas personas perciben *destellos*, imágenes rápidas o flotantes. Otras no tienen ninguna visión de ese tipo pero se sorprenden al enseñar algo que ignoraban y que, sin embargo, intuían desde siempre.

Así uno de mis amigos, entonces niño, quedó estupefacto al comprender y asimilar el francés de la Edad Media.

De este modo existen numerosos individuos atraídos irresistiblemente por una época histórica o civilizaciones desaparecidas.

Por poner un ejemplo, uno se pregunta si un escritor como Christian Jacq (mirado con recelo por la egiptología oficial) no se *acuerda* mejor del antiguo Egipto que un egiptólogo diplomado.

Christian Jacq no es un caso aislado: numerosos autores, si seguimos con los novelistas, reconstruyen la historia de forma poco fiable con rasgos de percepción intuitiva verdaderamente sorprendentes. Esto fue lo que hizo que Barbey d'Aurevilly escribiera: «Donde las historias se detienen, al no saber nada más, los poetas aparecen y adivinan».

Pero, antes de llegar a ese género de reconstitución, el aprendiz se ha de armar de paciencia. Ya que, en una confusión así, ¿cómo colocar bien los elementos del puzzle?

Y, antes de nada, ¿cuáles son esos elementos?

— Un vago resplandor de conciencia.

— Uno o varios recuerdos fugaces que se repiten en algunos sueños.

— Una angustia incomprensible que se siente desde hace tiempo frente a un acontecimiento específico.

Sería largo y tedioso enumerar todos los pequeños fragmentos que provienen de vidas anteriores pero el hecho de que no se citen no debe desanimar al lector a la hora de delimitar los propios, lo que corresponde a su aprendizaje, al mismo hecho de no confiarse a los demás y de *comenzar* a sentir confianza. Recordemos que el verbo *comenzar* tiene el sentido de *initium* y que toda iniciación conlleva su dosis de sufrimiento, incertidumbre pero también de valentía.

Por lo tanto, no hay que desanimarse en absoluto cuando los recuerdos de vidas anteriores aparezcan y se difuminen.

No se pueden olvidar por completo si se respetan algunas disciplinas: relajarse y no intentar que el recuerdo se refleje, ya que sería el mejor modo de borrarlo. Dejemos que vuelva libremente y lo hará en el momento oportuno, es decir, en el instante en que menos lo esperemos.

Sólo a partir del momento en el que nos familiaricemos con su funcionamiento, fuera de las normas comunes, progresará el aprendizaje.

Su funcionamiento se parece extrañamente al del amor pasional: «Sigue al amor y te huirá. Huye del amor y te seguirá».

Un aprendizaje de este tipo consiste sobre todo en comprender que la extratemporalidad no obedece a las leyes *lógicas* del tiempo. Desde ese mismo momento nos movemos dentro de una especie de *antimundo*, en el que la lógica que conocemos funciona al revés (aunque esta «inversión» sea aproximada, ya que la verdadera definición queda por inventar).

Van a perdonarme que lo repita una vez más. Cuando un recuerdo vuelve a la superficie, hay que recibirlo con calma, sin ponerse nervioso. Entonces se aprecia que se puede revivir que incluso se encadena a otros. Pero atención, al menor entusiasmo o temor por parte del que lo percibe, el espíritu consciente de este se activa y puede alterar la pureza del recuerdo.

Este fenómeno contradictorio resulta inevitable a menos que se esté entrenado. Hay que volver a intentarlo. Sería absurdo desanimarse. Los seres humanos no son máquinas que se pongan en marcha con facilidad según sus deseos y otras convicciones.

MEDICIÓN DE LAS ENERGÍAS
DEL CEREBRO HUMANO

El cerebro humano vibra *y todos sabemos que se miden sus energías por medio del encefalograma que consiste en un trazado de ondas amplias o dentadas. Las ondas amplias se llaman* alfa, *su ritmo de frecuencia es del orden de 8 a 13 ciclos por segundo. Las ondas dentadas, llamadas* beta, *tienen un ritmo de frecuencia más elevado, de 15 a 30 ciclos por segundo.*

Existe un tercer ritmo llamado teta, *cuya frecuencia es de 4 a 7,5 ciclos por segundo. Se registra principalmente frente al lóbulo temporal y puede tener una significación patológica, al igual que un cuarto ritmo llamado* delta *cuyas frecuencias son de 0,5 a 3 ciclos por segundo. Un cerebro normal emite un ritmo* beta *en estado de vigilia y un ritmo* alfa *en estados de relajación y sofrónicos.*

El profesor J. B. Rhine tuvo la idea, desde los años 30, de grabar la emisión de un cerebro cuyo paciente estuviera bajo el estado

(continúa)

---

de hipnosis y en periodo telepático. Rhine se dio cuenta de que, en esas condiciones, el cerebro emitía el ritmo alfa.

Cada persona puede encontrar su propia técnica para hallarse en esa condición. Existen muchas obras sobre este tema entre las que se cuenta la que escribí para Editions De Vecchi, Réussir grâce à la concentration, *que despertó un gran interés entre los lectores.*

En una situación así es primordial que la persona aprenda a *deshumanizarse*. Este es, principalmente, el aprendizaje. No se puede recorrer un camino difícil sin tropezar nunca.

Los fracasos no pueden considerarse jamás de manera negativa porque están ahí para hacernos comprender dónde debemos colocar los pies para progresar, evitando esta vez las trampas.

Saber discernir

Si aprendemos a relajarnos, a no tener miedo y a no entusiasmarnos inútilmente, este primer aprendizaje producirá sus efectos.

Llegados a este nivel, algunas personas tienen a veces la impresión de escaparse de sí mismas, lo que las rodea se convierte en algo borroso. Entonces tienen la precaución de aislarse para no ser molestadas en este estado por una reflexión, si no desagradable al menos muy conocida: «¡Estás soñando todavía, estás en la luna!». Este estado, ya lo hemos dicho, se llama *alfa*, una amplia onda emitida por el cerebro (véase recuadro en ésta página y en la anterior).

Se alcanza el estado *alfa* cuando se reflexiona en calma, cuando se experimenta una alegría serena (un paseo por el bosque), cuando se comienza a dormir.

El nivel *alfa* presenta la ventaja de acabar con el estrés y de posibilitar el acceso a uno mismo; entonces la persona se encuentra en plena posesión de sus medios: la imaginación, la intuición, el espíritu de creación aumentan.

El nivel *alfa* ayuda considerablemente a que los recuerdos de vidas anteriores emerjan, pero también favorece al conjunto de la memoria humana, de manera que un individuo puede de repente confundir un recuerdo de su vida actual, al trasladarse al principio de su existencia presente, con un recuerdo que proviene de otra vida.

Hay que realizar una discriminación que no resulta nunca fácil, sobre todo cuando no se tienen los medios de plantearlo en familia. Las cosas no permanecen indescifrables ya que, lenta pero segura, la sensación del recuerdo anterior a la vida presente se dejará percibir de forma significativa. Todo pasa como si fuera a la vez más potente, incluso más *presente* que un recuerdo perteneciente a la memoria consciente.

La naturaleza del médium

La capacidad de ser un médium es una evidencia. No se enseña. Sorprende a la persona, a veces desde su más tierna edad. Las mujeres poseen mayoritariamente este don, quizá porque tienen una sensibilidad más desarrollada que los hombres.

Muy a menudo, la condición de médium aparece en la mujer al mismo tiempo que su regla y aún no se comprende la misteriosa relación que existe entre las primeras menstruaciones y la condición de médium, pero es un hecho probado. No está exento de cierto peligro, sobre todo cuando se produce entre adolescentes que a veces no tienen más de diez u once años. No sólo se encuentran turbados por su transformación fisiológica sino que también se asustan por los fenómenos llamados paranormales que pueden producir sin saberlo, como la telequinesia, es decir, el desplazamiento de objetos sin la intervención manual.

A esta edad, la condición de médium no debería negarse sino mantenerse vigilada. Puede cultivarse con la telepatía, pero dando una aspecto lúdico a esta función. Por el contrario, se desaconseja vivamente que los adolescentes intervengan en sesiones de espiritismo, ya que en un momento así corren el riesgo de sufrir un caso de posesión.

La condición de médium debe vivirse con tranquilidad, rodeada de calor y calma. Sólo en la madurez se podrá explotar por completo. Y esta condición puede resultar un gran apoyo para *rememorar* las vidas anteriores.

La percepción del médium es más o menos pronunciada dependiendo de cada uno. El trance, aunque resulte espectacular, es a veces más decepcionante que una percepción que sirva de ayuda.

Es el caso de una marsellesa de adopción, Mary Damour, (que me ha permitido que la cite) quien, mediante su tarot, revela una condición de médium fuera de lo común. Yo la visito frecuentemente y siempre es una experiencia excepcional. El resto de personas que la conocen dicen exactamente lo mismo. Se podría decir que arranca verdades a su tarot que, a corto o medio plazo, se revelan incontestables.

Si cito a Mary Damour (cuyo nombre no es un seudónimo) es porque representa la serenidad de una auténtica condición de médium, y el hecho es tan raro y excepcional que merece ser subrayado.

Si bien esta médium ha ayudado enormemente a muchas personas no nos queda más remedio que reconocer que otros individuos no siempre han empleado tan bien estas capacidades.

Así que, teniendo en cuenta todo esto, no olvidaremos ser muy prudentes con este tema.

Usted y los demás, o el secreto de lo sagrado

Si se dedica a buscar sus vidas anteriores sepa que se trata de una verdadera *búsqueda*, en la más pura acepción de la palabra.

Desde ese momento le resultará muy problemático confiarse, compartir sus ideas: no sólo se expondría a la burla del ignorante o del *atrevido*, sino también, y lo que sería más grave, se arriesgaría a ver aniquilada la suma de sus esfuerzos.

No olvide jamás esto: nadie contrata a un abogado para defender lo invisible o una percepción.

No se plantee juicios negativos sobre lo que le rodea, sino considérelo bien por lo que es o parece ser. No intente convencer a un escéptico o un materialista, sería una batalla perdida y lo que es más, la argumentación positivista le agitaría[24].

El comienzo de una vía espiritual convierte en frágil a quien se compromete a ella. Por lo tanto, debe emplearse en adquirir fuerza y vigor para usted mismo, en primer lugar, antes de poder socorrer a los demás.

«No echéis margaritas a los cerdos», dice la Biblia.

«Echar margaritas a los cerdos» significa derrochar las energías positivas y no volver a encontrarlas porque han sido absorbidas por las energías negativas; de ahí proviene el secreto de lo sagrado. Determinadas personas son, sin saberlo, verdaderos vampiros que succionan la energía de los demás.

Ese tipo de personas es el que, a menudo, pregunta, parece buscar un consejo, una vía que seguir. Pero nos dejamos atrapar a veces por un espíritu anclado en sus propios criterios, no oye ni escucha lo que se le dice y acabamos completamente agotados con su conversación inútil.

---

24. Una argumentación de tal calibre tiene valor pero sólo es relativa entre lo objetivo y lo subjetivo.

Por el contrario, sería estúpido no compartir una experiencia así con un *alma amiga* o un *alma gemela* en la medida, sin embargo, en que se observara una cierta prudencia: tener la cabeza en el cielo pero conservar los pies en la tierra, estar atentos a no desviarse del objetivo de búsqueda, no hacerse *regalos*, mostrarse abierto pero riguroso.

Y se plantea una nueva pregunta: ¿puede alguien dejarse ayudar para encontrar sus vidas anteriores?

Recuerdos y memoria

En toda búsqueda solitaria llega un momento en que se tiene la impresión de estar atascado, de no seguir progresando y se piensa rápidamente en la posibilidad de pedir ayuda. Es algo completamente lógico y natural.

A partir de ese instante hay que recordar que el principio del buen aprendizaje es, ante todo, conseguir una plena confianza en uno mismo. Por lo tanto, no hay ninguna razón para ir a llamar a la puerta del primer *parapsicólogo* que aparezca o dejarse llevar por la publicidad del *señor sabelotodo*.

Dicho esto, existen sofrólogos competentes, hipnotizadores capaces de practicar excelentes regresiones. Todo es una cuestión de mesura, competencia y confianza.

La visualización de los colores

La visualización de los colores es importante, es uno de los mejores factores de relación con el *ello*. No hay ninguna panacea en la práctica y cada persona ha de encontrar su propia técnica que en todos los casos procede de la imaginación. Se puede, por ejemplo, imaginar un arco iris, una paleta de un pintor o incluso dejar que el color venga a nosotros.

El asistente puede ayudar aquí gracias a la sugestión. Pero habrá tenido que estudiar antes el *valor energético* de cada color.

El blanco y el negro no se consideran un color; sin embargo, estos colores entrarán también en la visualización, ya que esta comienza habitualmente por el negro y, a veces, por el blanco. La progresión de la visualización será la siguiente:

— blanco o negro;
— gris;
— rojo;
— violeta;
— azul;
— turquesa;
— verde;
— naranja;
— amarillo.

Este orden no es inamovible; corresponde sólo a una secuencia *clásica*. También será importante anotar los colores elegidos por el perceptor o los que aparezcan espontáneamente para conocer su grado de evolución espiritual y una cierta capacidad de ciclos ya vividos.

Sobre todo no hay que temer entrar en el color, penetrarlo para sentir los efectos (véase el recuadro de la página 75).

El asistente tendrá a su disposición un magnetófono, pero también algo para escribir y anotar algunas reacciones físicas[25].

Lo ideal sería poder filmar la sesión con una cámara de vídeo automática colocada a los pies. En un primer momento, se realizará este ejercicio de visualización tanto tiempo como sea necesario antes de pasar a la regresión que implica una nueva preparación para las preguntas que se plantearán al perceptor.

---

25. Parpadeo de los ojos, ligero temblor de dedos, tic, etc., se producen en ocasiones cuando se consigue encontrar alguna pregunta más pertinente que otra.

EL SIGNIFICADO DE LOS COLORES

El rojo indica un estado pasional que el perceptor trae consigo de una vida anterior, su evolución presente debe corregir este estado inferior. Si el rojo es profundo, brillante, escarlata, indica por el contrario altruismo, el amor desinteresado de un alma antigua. *Los colores que denotan una buena evolución espiritual, que determina de este modo un cierto número de vidas anteriores, son el azul, el verde, el turquesa, el violeta, el naranja y el amarillo.*

La persistencia del blanco puede aliarse en ocasiones al dorado o al plateado, lo que es signo de un alma próxima a su realización.

Los tonos mezclados o grisáceos son los de la depresión, la insatisfacción, el miedo o también la enfermedad.

Si esas tonalidades persisten, la persona debe interrumpir necesariamente su búsqueda experimental y emprender una terapia de medicina general o especializada.

Contrariamente a lo que se viene creyendo, los balbuceos de la parapsicología no excluyen en absoluto la tradición psicológica, principalmente la de la escuela junguiana.

Gracias a la psicología freudiana y junguiana, la parapsicología se ha podido permitir importantes revisiones e ir aún más lejos en el misterio de la dimensión humana.

Arte y sueños

El ámbito de la creación artística ha dado a menudo resultados sorprendentes. La pintura o el dibujo son reveladores si *se deja de pensar* a la hora de permitir que se exteriorice la expresión. Puede comenzar por un garabato del que nacerá una forma (rostro, paisaje, objeto, etc.). Lo mismo es aplicable a una *pequeña composición musical* (tocar el piano puede bastar) en la que se reconoce el estilo de una época.

Algunas personas se dejan llevar por la escritura automática, que es también muy reveladora.

El fenómeno de la *rememoración* puede también producirse en lo que se denomina «soñar despierto». Se desarrolla esta visión interior sin buscarla verdaderamente, se está «en la luna», se «sueña despierto».

De hecho nos encontramos en *alfa.* ¡Siempre!

Ese momento sin sorpresa nos *sorprende* en el curso de una ensoñación, de un alejamiento de lo cotidiano; sucede generalmente cuando se contempla un paisaje, mientras se pasea, sin que importe si se está solo o acompañado.

La causa de este efecto puede provenir de una conversación, un recuerdo de la vida presente, una alegría, un dolor, una visión fugaz. Las imágenes de nuestras vidas pasadas están ligadas a esos momentos de ensoñación en los que conviene dejarse llevar sin reservas. Entonces el espíritu se comporta libremente y la inspiración y la intuición intervienen.

Si bien ese *privilegio* es la meta de todos, cada uno lo analiza a su manera, siendo la peor de ellas creer en una ficción ilusoria pues en cuanto interviene la mente se tiene la impresión de estar inventando todo. Cuando esto sucede (y no deja jamás de pasar), sobre todo no hay que inquietarse. Es una reacción natural de la mente que acabará por no reaccionar o hacerlo débilmente.

El conocimiento del mundo noumenal

Se ha dicho y escrito que la creencia en la reencarnación se funda en argumentos sentimentales, que toda búsqueda oculta en este campo no era más que la coartada de una gran mediocridad intelectual. Sería inútil entrar en la polémica. Lo que se tacha de «mediocridad intelectual» es el dominio de la mente por el espíritu, la sensibilidad, el corazón, la intuición. Esa es la diferencia que existe entre *saber* y *conocimiento*.

Toda manifestación ocupa el espacio-tiempo a un nivel material; es el aspecto de una primera realidad. También existe un segundo aspecto que tiene que ver con los arquetipos espirituales, relativos a la continuidad espacio-tiempo en la que no ocupan ningún espacio, ninguna temporalidad y no poseen nada material. El pensamiento es uno de esos arquetipos espirituales y creer que no evoluciona más que en el interior de una caja craneal sería admitir que la inteligencia es material.

Pero entonces, ¿en qué dimensión evolucionan el pensamiento, la espiritualidad y algunos sueños? En el mundo noumenal[26] que corresponde a un principio pasivo en contraposición a un principio activo. Es el segundo aspecto de una misma realidad.

Kant consideraba el *noúmeno* como la «cosa pensada» que tenía vida propia.

Platón empleaba la palabra *noomena* para definir el mundo de las ideas. De hecho, este mundo tradicional (proveniente de la tradición) es un mundo verdaderamente vivo en el que sólo el espíritu evoluciona. Entonces podemos preguntarnos de dónde proviene exactamente la «gran mediocridad intelectual» pues todo el mundo que evoluciona en una continuidad espacio-tiempo está sujeto a tres estados:

— el libre arbitrio;
— la restricción de las fuerzas cósmicas;
— la limitación del pensamiento.

Por supuesto, estos estados pueden rebasarse en gran medida; sin embargo, no serán nunca absolutos mientras que estén prisioneros del espacio y del tiempo.

26. Del griego *noomena*.

Contexto e historia

Las personas que hayan experimentado una sensación de *déjà vu* podrían mejorar sus percepciones volviéndose a encontrar en el marco que determinó su primer despertar; puede ser un lugar, un individuo encontrado por casualidad del que se ha tenido la sensación de *conocerle desde siempre*; puede derivar de muchas cosas: un perfume, un olor en particular, un libro, una película, una música o una obra de arte.

En estado *alfa*, nos concentraremos en el objeto que ha originado esa emoción: palabras e imágenes vendrán al espíritu. Hay que *oír* las palabras, *sentir* las imágenes (*oír* no es escuchar y *sentir* no es ver).

La continuidad de la experiencia nos pertenece a condición de que, una vez más, le concedamos una confianza absoluta.

Esta confianza reconstruirá nuestro pasado para aclarar el presente e iluminar el futuro.

He constatado un hecho turbador en casa de un amigo escritor, autodidacto, que escribe ensayos y novelas sobre un periodo de la Edad Media que va del siglo X al XIV. Sin embargo, sólo estudió hasta los catorce años y debió atender pronto a sus necesidades empleándose en diferentes trabajos manuales.

Pero en una ocasión, de repente, visitando una catedral medieval sintió una emoción muy fuerte que lo llevó a estudiar y a asimilar una cantidad considerable de asignaturas: arqueología, etnología, civilizaciones desaparecidas, lenguas muertas, religiones comparadas.

Y de este modo, este antiguo mal alumno se convirtió en un medievalista reputado. Curiosamente ha adquirido una inmensa cultura en algunos años.

Este hecho se podría asociar a otros, si mi amigo no me hubiera dicho con una seguridad apabullante que él había vivido en la Edad Media bajo el nombre o seudónimo de *Jehan el Bastardo*. Un héroe que puso en escena en su novela.

Todo esto podría provenir de una imaginación desbordante, sin embargo, yo me inquietaba cuando veía cómo ese hombre (de mi generación) no podía contener las lágrimas[27] al leer los libros de Jeanne Bourin, como *La Chambre des dames*, o al ver sin parar la película *El nombre de la rosa*.

Al poco tiempo de esto, no hace mucho, un editor me pidió un libro sobre la guerra de los Cien Años. Tuve que reunir para hacerlo importante documentación y cuál no fue mi sorpresa al encontrar en un viejo cartulario de la Edad Media a un tal *Jehan el Bastardo* que había sido compañero de armas de Juana de Arco. ¿Deberíamos achacar este hecho a la casualidad?

La sofronización y la regresión de la memoria

Existen varias técnicas de regresión de la memoria que proceden en su totalidad de la sofronización; la hipnosis es uno de los clásicos del género.

Para mi gran sorpresa, he podido constatar que algunos sujetos remisos a la hipnosis podían realizar regresiones perfectamente sin el apoyo de esta.

De hecho, esos individuos rechazan menos la hipnosis que al hipnotizador. Poseen a la vez una mente muy fuerte y una gran emotividad; a menudo son víctimas de un pudor extremo.

Sin embargo, les bastará con encontrar a una persona que no practique la hipnosis pero con la que compartan afinidades

---

27. Se apreciará que las lágrimas son testimonio, en estas circunstancias, de la presencia del inefable cerca del ser humano.

emocionales, intelectuales, incluso físicas[28] para que desaparezcan las reservas.

> *Las personas que se interesan por los biorritmos, la numerología o la astrología saben cómo establecer una relación de afinidades (emocionales, intelectuales, físicas, globales) entre dos personas. Estos temas comparativos resultan de gran ayuda en numerosos terrenos.*

Esas afinidades revisten una gran importancia desde el momento en que se acepta asistir a una persona en regresión de memoria.

Entonces es fácil ayudarla a colocarse en ritmo *alfa*, sin hipnotizarla, con sólo unas palabras, una voz tranquila, apoyada al principio por una música relajante.

He dicho «al principio» pues la música es sólo una ayuda suplementaria para relajar a la persona, que podría enseguida operar sin saberlo una *fijación* auditiva que perturbaría su percepción interior. Corresponde ahora al asistente *sentir* a la persona a la que está ayudando (por eso es importante la afinidad).

Según las personas, una técnica eficaz consiste en primer lugar en llevar al perceptor hacia su infancia, sin precisar nada, es decir, dejándole la libre elección de evocar una situación cualquiera, feliz o desgraciada.

En los dos casos, se pregunta la edad. La evocación proviene generalmente de un recuerdo lejano, a veces incluso de un recuerdo que sorprende a la propia persona. Algunas personas hablan del placer que sienten en el seno de la madre. Otras ven

---

28. La afinidad física no tiene por qué estar ligada necesariamente a la sexualidad.

resurgir un terror olvidado provocado por un animal o una situación (discusión entre los padres, por ejemplo).

Se anima a la persona a que se exprese cada vez más libremente, precisándole, sin embargo, que no debe contenerse y puede interrumpir en cualquier momento si lo desea.

En el curso de una regresión a una vida anterior el asistente debe a menudo repetir a la persona que la realiza que, si su espíritu evoluciona en el espacio y el tiempo, su cuerpo, por el contrario, permanece bien anclado en el presente y que ningún daño puede amenazarle.

Estas precisiones tienen por objeto dar confianza a la persona, confianza que le permitirá abrir más su memoria, hasta poder a veces extrapolarla. Esta extrapolación no se produce siempre desde la primera sesión. De hecho es una situación muy rara y considero que es una fantasía a menos que se reproduzca en las sesiones sucesivas.

Si el asistente tiene la impresión de escuchar una invención, evitará expresar sus pensamientos que pueden ser equivocados. Volverá a tocar el tema con el perceptor cuando este no se encuentre ya en *alfa*.

La discusión posterior podrá aclarar, a una parte y a la otra, numerosos puntos que habían permanecido hasta entonces oscuros.

Antes de llegar a la extrapolación serán necesarias varias sesiones.

Se pueden comparar a una gimnasia emocional, a un entrenamiento del espíritu que se volverá capaz de extrapolar sin fantasear.

Evidentemente, cuando hablo de fantasía no me refiero a ningún caso de demencia.

Una sesión sofrónica nunca perjudicaría a una persona desequilibrada, antes al contrario, le ofrecería la posibilidad de curar sus desequilibrios, o al menos, atenuarlos o en todo caso permitir una concienciación.

Pero eliminemos toda clase de enfermedad y consideremos cómo debe vivir su regresión en estado de sofronización una persona normal.

Si bien debe implicarse obligatoriamente en esta búsqueda, no debe forzarla. Cuando emerge un recuerdo ha de considerarlo como un mero espectador y retener ciertos elementos que permitirán reconocer si estos emanan de esta vida o de otra.

No hay que zambullirse en una vida anterior como si de una piscina se tratara. Todo ocurre como si los recuerdos se mezclaran entre ellos, en una especie de intercambio entre el consciente y el inconsciente.

Con motivo de una regresión una persona recordó una carrera de caballos y, de repente, se vio cabalgando pero vestido de templario.

La visión duró sólo algunos instantes, sin embargo, fue tan fuerte que el perceptor interrumpió la sesión y no la retomó hasta una semana más tarde. Hizo falta volver a empezar con todo, desde el campo de carreras, y las imágenes del templario aparecieron, más claras y con más detalle.

El perceptor había vencido las energías negativas de su primera emoción y pudo de esa forma aumentar su visión.

No existen las casualidades

Otra manera de recordar las vidas anteriores consiste en concienciarse de ciertos hechos que se repiten *casualmente*.

Algunas personas tienen una clara tendencia a herirse, quemarse, golpearse o a infligirse cicatrices. La causa de este fenómeno no es sólo la torpeza. Otras personas tienen un miedo enfermizo al agua o a viajar en avión.

De tales efectos queda por analizar si ellos ponen en funcionamiento un temor irrazonable.

Además, a veces nos sorprende constatar que el instinto maternal (o paternal) falta en algunos individuos.

No es el momento de emitir un juicio sobre esta carencia de *instinto*, pero sí de encontrar la causa.

El enemigo es la duda

Si se me permite lanzar un aviso (que sólo es personal y por tanto sujeto a precauciones, pues nadie tiene la última palabra en este tema), diría que, cuando emergen los recuerdos de las vidas anteriores, surgen generalmente en una visión fugaz o incluso por medio de sentimientos emocionales muy fuertes que no implican obligatoriamente un destello visionario.[29]

Convendría observarlos entonces y aceptarlos tal y como se presenten, sin intentar analizarlos de manera racional sino teniendo cuidado de anotarlos todos para que sea posible más tarde hacer un inventario y obtener una explicación más clara.

Esos fragmentos, *a priori* desconocidos e irreconocibles, no constituyen en absoluto los elementos de un puzzle que hay que reconstruir, que establecerá un lazo con la vida presente.

Hemos visto que la confianza en uno mismo constituye un elemento indispensable para hacer que emerjan los recuerdos de una profundidad aparentemente insondable; este hecho debe suponer un estímulo para considerar su propia capacidad de despertar. La conclusión es que hay que confiar en el propio conocimiento interior y no estar paralizado por la duda.

---

29. Algunas personas creen que no pueden acceder a los recuerdos de sus vidas anteriores porque no tienen ninguna visión de ellas. Sin embargo, experimentan sentimientos profundamente emocionales que son, tal vez, aún más importantes que las visiones. Fue el caso de *Jehan el Bastardo,* que no tuvo nunca una visión.

Aceptar la *anormalidad* como una cosa normal es una gran conquista. En nuestros días un concepto así atrae más enemigos que simpatías, de lo que se deriva el secreto y la salvaguardia de la búsqueda.

El hecho no es nuevo y no debería poner nervioso; el hombre que se llama o se ve «racional» no está, por supuesto, privado de cualidades, pero sólo aprecia el aspecto superficial de lo que no comprende, de lo que no puede comprender debido a la cultura que le han inculcado obstinadamente y que, sin embargo, no cesa de modificar a lo largo de los años.

Esta extraordinaria paradoja perdura, sobre todo, en los medios científicos que critican severamente todos los descubrimientos modernos: la electricidad, la máquina de vapor, la grabación sonora que debemos a un genio autodidacta. Thomas A. Edison (1847-1931) fue acusado en 1877 de ventriloquia por un plantel de científicos convencidos a los que presentó el primer fonógrafo.

Fue *irracional*. Una irracionalidad que permite hoy en día la aparición del disco láser y que permitirá probablemente mañana la comercialización del «cristal sonoro».

Se podrían citar con respecto a este tema infinidad de ejemplos.

Todo lo dicho demuestra bien qué es lo científico racional y lo *oculto* irracional.

Lo hasta aquí expuesto sirve para aceptar como verdad lo que habla al corazón y no a la cabeza pensante, pues lo irracional no es una sinrazón.

Examinemos los diferentes comportamientos de lo *irracional*.

Las búsquedas de la vida en la muerte

Las señales del más allá

Libros como los de Marcel Belline, François Brune o Claudette Combes[30], por citar algunos, vierten sobre la muerte un conjunto de pruebas que intentan aclararnos los aspectos *post mortem*.

Aunque es verdad que estos testimonios no estremecen al pensamiento racionalista, no obstante tienen un gran número de puntos en común.

En su búsqueda, François Bruen implica la *transcomunicación* como nueva vía del espiritismo: se graba en una banda magnética la voz de los difuntos y se captan imágenes del más allá en pantallas de televisión.

Estas primeras señales del más allá se remontan al 12 de junio de 1959, cuando un pintor y cantante de ópera, Friedrich Jürgenson, entonces de cincuenta y seis años, grabó cantos de pájaros. Al escuchar la grabación apareció un solo de trompeta acompañado por una orquesta. Jürgenson pensó lógicamente en

---

30. Marcel Belline, *La troisième oreille*, Ed. Robert Laffont, 1985.
François Brune, *Les morts nous parlent*, Ed. du Félin, 1993.
Claudette Combes, *Nous t'avions appelé Abel, o La mort ne tue pas*, CID Éditions, 1996; *Quand l'amour s'infinit*, Ed. Partage, 1990; *N'oublie pas, je suis là*, CID Éditions, 1996; *Perles d'éternité* y *Le clair visage de la mort*, ed. Guy Trédaniel, 1993.

una interferencia pero este tipo de fenómenos se acentuó a lo largo de las grabaciones posteriores con la audición de ruidos diversos y voces, hasta el día en que los mensajes se dejaron oír claramente: «Escuchar... Mantener el contacto... Esperar...»

Jürgenson se rodeó de colaboradores serios y en 1963 envió una grabación del más allá al Instituto de Parapsicología de la Universidad de Friburgo, dirigida al profesor Hans Bender. El profesor y su equipo establecieron un informe según el cual el origen paranormal de esas voces se reconocía como muy probable[31].

Esta transcomunicación fue descubierta también por casualidad en 1964 por un traductor de literatura española en Letonia, Constantin Raudive, que tenía entonces cincuenta y cinco años[32].

Marcel Belline y Claudette Combes habían perdido un hijo.

En la década de 1970, conocí a Belline, quien me pidió que colaborara en su obra *La Troisième Oreille*. Una corta y humilde participación, he de precisar, que me permitió sin embargo apreciar a este hombre notable con dotes de vidente indudables.

La pérdida de su hijo Michel, que murió en un accidente de coche en una autopista, le afectó muchísimo, como cualquier padre puede imaginar.

Mientras dormía Belline presintió la muerte de su hijo despertándose de repente a las dos de la madrugada. Su esposa sintió la misma angustia, la misma certeza.

«El timbre que sonó a las seis de la mañana no podía decirnos nada que no supiéramos de antemano», escribe Belline.

---

31. Hans Bender, *Verborgene Wirklichkeit*, S. Piper, Munich & Zurich, 1985.

32. Para ampliar información puede consultarse el libro de François Brune.

Belline ha tenido siempre la convicción de que existe un lazo indescriptible entre él y su hijo. Esa corriente intensa (amor) habría permitido al alma de Michel ponerse en contacto con su padre.

Los diálogos entre Marcel Belline y su hijo se adornan con una enseñanza que no corresponde siempre a lo que se podría esperar.

Así, para Michel no hubo un accidente en el sentido que nosotros lo entendemos comúnmente. Era su hora, debía partir. En cuanto a la pérdida de un ser querido (un niño, especialmente) sólo tiene sentido para el sufrimiento de los que se quedan, pues este sufrimiento tiene valor de comprensión.

¿Y el más allá? Inimaginable, aéreo, indescriptible. Michel dice que es completamente feliz, en relación con los otros, sin poder, sin embargo, ayudar o inspirar a sus padres a los que aconseja vivir sin plantearse demasiadas preguntas observando los principios del amor que es quien permite todas las posibilidades.

En esas comunicaciones telepáticas, Belline tenía la impresión de hablar consigo mismo y Michel le respondía que él sentía la misma impresión.

Si he citado a Marcel Belline es porque lo conozco y no he dudado nunca de la autenticidad de su testimonio.

Siento lo mismo con Claudette Combes, quien, como Belline, se comunica telepáticamente con su hijo Abel.

No obstante, existe un cierto número de diferencias entre estas dos comunicaciones, lo cual no prueba que una sea más auténtica que la otra o que respondan a una patología.

La tradición de la tabla de esmeralda nos informa de que «Lo que está arriba es como lo que está abajo». Por ello, ¿por qué *los que están arriba* habrían de tener *sentimientos diferentes* (vías de percepción diferentes) de *los que están abajo*? Citaré la Biblia («Hay muchas casas en la casa del Padre») para hacerme comprender mejor: todos los desencarnados no habitan ciertamente en el mismo nivel, por lo tanto tienen visiones diferentes. Si el alma de Michel Belline dice que no puede ayudar e inspirar a sus padres, la de Abel, el hijo de Claudette Combes, dice y hace exactamente lo contrario. Quizá se trate de una cuestión de evolución.

«Hay que escribir. Hay que escribir libros», aconseja Abel a su madre y se apresura a añadir: «Comprendo que esta petición sólo va dirigida a mí, ya que nos pide que escribamos libros de esperanza».

Mi amiga Claudette Combes está completamente convencida de que su hijo le ayuda, y no queda otro remedio que creerla al considerar su importante bibliografía, constituida principalmente por los mensajes recibidos de su hijo.

Veamos algo que escribió:

> Un pequeño milagro tuvo lugar en lo que se refiere a esta obra[33]. Pregunté a Abel si me ayudaría a encontrar las obras necesarias para redactarla. «¡Pues claro! ¡Te ayudaré!», proclamó. Efectivamente, los libros afluían, prestados u ofrecidos por amigos que en su mayoría no sabían nada de mis investigaciones y mi pretensión de escribir estas páginas [...]. Pero buscaba en vano el estudio de Georges Barbarin: *L'aprés-mort*. Un día, fui a buscar mis notas de lectura. Sobre el clasificador apareció, bien visible, *L'après-mort*.

Desconcertada, casi sin creerlo Claudette Combes tomó el libro, que era nuevo. Sin embargo, estaba segura de que no poseía esa obra de la que incluso antes ignoraba su existencia. Preguntó a Abel en transcomunicación, quien le confirmó: «Sí, es cosa nuestra. Sí, yo te la traje».

Hasta que no se ha vivido este tipo de experiencias es difícil admitirlas.

---

33. *Le clair visage de la mort, op. cit.*

En mi libro *Le mystère des fantômes et apparitions*[34], he revelado mis propias experiencias en este campo y lo que sucedió después de la muerte de mi madre, acaecida en 1992. Pero he omitido precisar lo que mi hija Vanessa vivió en relación con la muerte de su abuela paterna y, recientemente, después del fallecimiento de su abuela materna. Los hechos merecen ser contados pues son reales y pueden confirmarse.

Por razones que explico en la obra citada anteriormente, me separé muy pronto de mi madre y no pude volver a verla antes de su muerte. Después heredé documentos que me demostraron que mi madre había sufrido por mi ausencia tanto como yo había sufrido por la suya.

Mi hija Vanessa no conoció nunca a su abuela, pero yo le hablé a menudo de ella. Muy afectado por la desaparición de mi madre (y por nuestra separación), examiné durante mucho tiempo mis viejos recuerdos con mi hija (fotografías, cartas, etc.). En no pocas ocasiones, ella se quejó por no haber tenido la oportunidad de conocer a su abuela. Un día le respondí que aún no era demasiado tarde.

Vanessa, que en 1992 tenía veintidós años, sentía un verdadero terror frente a la muerte, en general, y frente a las prácticas *post mortem*, en particular.

Comenzó a oler un perfume en su apartamento que no empleaba jamás, Chanel número 5, el perfume de mi madre. Vanessa no fue además la única persona que notó ese fenómeno inexplicable. Aunque en un primer momento estaba muy nerviosa, mi hija terminó por confiar en mis «explicaciones» cuyo objetivo principal era calmarla, eliminar su miedo. Tuve bastante éxito. Le aconsejé entonces entrar en comunicación telepática con su abuela, dejar que el vínculo viniera a ella.

34. París, Éditions De Vecchi, *op. cit.*

La experiencia fue larga pero significativa. Se despertaron sueños y toda una serie de impresiones, de presentimientos, de percepciones.

Pero a estos hechos aparentemente nebulosos se añadieron otros más concretos, siendo el más fantástico el siguiente. Vanessa conducía su coche cuando un vehículo apareció inesperadamente delante de ella. El accidente parecía inevitable cuando, de repente, el pedal de freno del coche de Vanessa se hundió sin su ayuda.

Tengo que añadir que había comprado ese coche gracias a la herencia de mi madre y que se lo había regalado a mi hija. ¿Podemos apreciar aquí una misteriosa relación causa-efecto?

Desde ese día, mi madre y mi hija mantienen relaciones muy especiales... y podría sentir celos de ellas si mi amor no fuera tan fuerte.

Después de ochenta y cinco años de vida plena, el abuelo materno de Vanessa murió.

Ella se había preparado para esta desaparición, pero no por eso fue menor su sufrimiento.

El abuelo, que sufría un cáncer, vio dignamente que la muerte se acercaba y, a instancias de su pequeña, prometió darle una o varias señales después de morir, precisando: «Si tengo los medios».

Este hombre, que nunca había precisado si era o no creyente, conservaba sin embargo la esperanza de una vida después de la muerte.

Da tantas señales a su nieta como a su hija. Así, por ejemplo, vuelven a encontrar un objeto perdido después de haber pedido al desaparecido que lo haga aparecer. Y el *milagro* se produce casi al instante.

Pero, para Vanessa, la mejor señal fue un billete de cincuenta francos plegado en cuatro que no pertenecía a nadie y que *apareció* de repente sobre una mesa.

En cada fiesta y cada cumpleaños, el abuelo (que daba poco valor al dinero) daba a sus nietecitos, entre ellos Vanessa, un billete de cincuenta francos, *siempre doblado en cuatro*.

El espiritismo

A menudo se cree que las señales del más allá se encuentran en el espiritismo, pero su estudio sistemático se revela habitualmente decepcionante a menos que ciertas sesiones espiritistas liberen fuerzas aterradoras.

Werner Schiebeler, doctor en ciencias naturales, es un espiritista convencido. No niega que existen peligros en el espiritismo y pone de manifiesto la existencia de equivocaciones por parte de espíritus difuntos poco evolucionados que captan la confianza de sus víctimas hasta llegar a la posesión.

En su libro *La Vie après la mort terrestre*[35], el profesor Schiebeler insiste en el hecho de que el espiritismo se ha de utilizar solamente con fines nobles y rodeándose de fuertes precauciones.

En cuanto a la opinión de Gabriel Delanne, otro espiritista convencido, refleja una cautela significativa:

En las comunicaciones de médium pueden introducirse interacciones de subconsciente a subconsciente entre personas presentes o ausentes. Imaginarse que los espíritus de los muertos pueden acudir a la primera llamada de cualquiera para lanzarse a los pies de la tabla es absurdo. La intervención de los muertos es, por el contrario, muy rara.

El hombre que desencadenó el maremoto espiritista en el siglo XIX nació en Lyon en 1804 y era Denisard Léon Hippolyte Rivail, *Allan Kardec*, seudónimo que tomó prestado de uno de

---

35. Werner Schiebeler, *La vie après la mort terrestre*, Ed. Robert Laffont, 1992.

91

sus antecesores bretones. Por una parte se ha endiosado a Kardec y por otra se le ha convertido en algo risible. Seguramente no fue ni un dios ni un personaje ridículo.

Debió de ser con toda seguridad un hombre de corazón, animado por una gran espiritualidad; sin duda se equivocó, pero consiguió incluir algunas realidades todavía imperceptibles en el plano científico.

EL ESPIRITISMO

Desde finales del siglo XVIII hasta mediados del XIX, la opinión pública fue seducida por el magnetismo de Anton Mesmer, desacreditado pronto por la ciencia; en ese momento se manifestó una renovación bajo otras formas empezando por la publicación, en 1830, de un libro, La Voyante de Prevorst, *de Justinus Kerner, donde el autor relataba las relaciones de Frederique Hauffe con los espíritus de los muertos. En 1847, en Hydesville (Estados Unidos), las hermanas Fox sostenían que mantenían contactos con los difuntos. En 1852, el espiritismo apareció en Europa. En 1857, Allan Kardec publicó el* Livre des esprits, *seguido por el primer número de* La Revue spirite *un año más tarde.*

Entre los grandes congresos espiritistas los más importantes fueron los de París (1889 y 1900) y Londres (1922). Victor Hugo, Conan Doyle, Charles Henry, William Crookes, Camille Flammarion o Leonid Vassiliev figuran entre los adeptos al espiritismo y la reencarnación.

El varapalo comenzó a hacer mella cuando Kardec empezó a dedicarse sin freno al espiritismo, en 1854, creyéndose *llamado* por un espíritu, para fundar una religión verdaderamente grande, hermosa y digna del Creador.

A pesar de ello, las teorías de Kardec son interesantes; y aquí tenemos una muestra: las facultades y poderes paranormales observados entre determinadas personas son la prueba de la existencia en el ser humano de un elemento dinámico y espiritual que bordea los límites corporales y que es independiente del tiempo y el espacio. Este elemento sobrevive a la muerte física y ciertos movimientos espiritistas son manifestaciones póstumas que demuestran que hay vida después de la muerte, vida de la conciencia o de un principio inteligente, alma, espíritu, etc.

El espiritismo se prolonga hasta nuestros días con la práctica llevada a cabo utilizando para ella el *vaso* o la *tabla*; habitualmente no es más que un juego para algunas personas escépticas, un juego peligroso que a veces compromete su escepticismo por los efectos que he citado en otras obras en las que se muestran ejemplos vividos[36].

El espiritismo en Brasil

En Brasil, el espiritismo no es sólo una religión, se ha convertido en un sistema de tratamiento médico psicosomático y psíquico reconocido.

Al observar el fenómeno imparcialmente, e incluso científicamente, no queda otro remedio que reconocer las numerosas e inexplicables curaciones debidas a los médium brasileños; resultados positivos que sobrepasan los obtenidos por el psicoanálisis europeo y el de Estados Unidos.

El espiritismo brasileño no invoca sólo a los espíritus desencarnados, sino que también utiliza procedimientos mágicos empleados desde hace mucho tiempo en Brasil, entre los que se encuentra el vudú.

---

36. *Les nouvelles voies du spiritisme*, París, Éditions De Vecchi, 1991, y *Le mystère des fantômes et apparitions*, *op. cit.*

La previsión espiritista de sir Arthur Conan Doyle

Cuando Allan Kardec falleció en París el 31 de marzo de 1869, su recuerdo dejó profunda huella en el espíritu de numerosos buscadores, como Camille Flammarion, pero también en el espíritu de un joven que en esa época no tenía más que diez años: sir Arthur Conan Doyle (1859-1930), *padre* de Sherlock Holmes, cuya fama hizo que pasara a un segundo plano el autor de ciencia-ficción y el historiador.

CONAN DOYLE Y LOS ESPÍRITUS

A Conan Doyle le engañaron a menudo los charlatanes y lo ridiculizó un tal Jastrow quien, en el New York Times *del 2 de septiembre de 1923 escribió que si había un hombre al que se pudiera considerar desacreditado por completo, ese hombre era sir Arthur Conan Doyle.*

Sin embargo, Doyle no se amilanó nunca y consiguió un derecho de réplica: «La gente me pregunta qué me asegura que el espiritismo sea real. La prueba de que estoy seguro no es otra que el hecho de que haya abandonado el trabajo lucrativo que amaba y me haya sumido en todo tipo de sinsabores, pérdidas e incluso insultos para transmitir determinados hechos».

La actividad espiritista de Conan Doyle se ha olvidado y, sin embargo, fue brillante. En su libro *La nouvelle revelation*, publicado en París en 1919 por la editorial Payot, Doyle escribía esto:

> Una terrible guerra que convulsionará diferentes partes del mundo, precederá la percepción evidente de nuestras relaciones con el más allá; antes de que los mortales puedan ver, mediante sus visiones espirituales, los amigos a su lado, el mundo tiene que purificarse y así se alcanzará la perfección. Amigos, reflexiónenlo bien.

A unos setenta y cinco años de distancia, esta revelación adquiere todos los aspectos de una profecía en vías de realización.

Efectivamente, después de la segunda guerra mundial aparecieron las primeras investigaciones serias sobre la vida después de la muerte. Dichas investigaciones, ¿son los primeros pasos de «la percepción evidente de nuestras relaciones con el más allá»?

Mensajes prodigiosos del más allá

Cuando aún estaba vivo, Conan Doyle prometió «volver» después de su muerte mediante el espiritismo.

Un médium, Eileen Garret, dijo haber recibido un mensaje del escritor en octubre de 1930, varios días después de su muerte y que decía así:

> «Estoy en el interior del sistema solar pero en un cinturón de radiaciones que rodea el globo».

El mensaje no tenía ningún sentido hasta el día de 1959 en el que se descubrieron los cinturones de radiaciones solares alrededor de la Tierra.

En ese mismo mes de octubre, el día 7 exactamente, Eileen Garret se dedicó a una nueva sesión de espiritismo para entrar en contacto con el espíritu de Conan Doyle pero fue un tal Carmichael Irwin quien se manifestó, un piloto que dirigía uno de los últimos dirigibles que transportaban pasajeros, el R10, que se había estrellado el 5 de octubre en Francia, cerca de Beauvois. El mensaje reveló datos técnicos, totalmente desconocidos por Eileen Garret, que tuvo la precaución de anotar. Todos los términos eran exactos.

«Hemos destruido las calles de Achy», declaró el médium, que era el portavoz del piloto fallecido.

Sin embargo, el caserío de Achy no figuraba en ningún mapa disponible en comercios pero las cartas del comandante de abordo lo señalaban.

A cuarenta kilómetros de Achy, en Poix, unos testigos observaron al dirigible a menos de cien metros del suelo.

Las conclusiones de la investigación confirmaron todo lo que había revelado el médium.

Un escritor que poseía dones de médium y que trabajaba con el coronel de Rochas, escribió lo que sigue (en el curso de una sesión espiritista que se desarrolló en París):

> Me he perdido en el desierto de salitre de la cordillera de los Andes. Si no me socorren antes de mañana al mediodía, nuestra caravana se habrá perdido definitivamente. Avisen a mi padre Miguel X..., calle Mayor, en Río de Janeiro.

Se pusieron en contacto con Miguel X... en la dirección indicada que resultó ser exacta. Después llegó la respuesta, sorprendente. El hijo de Miguel X... se había extraviado efectivamente y, en el coma, el subconsciente del viajero había enviado un *mensaje* captado por desconocidos, a quince mil kilómetros del lugar en donde el joven agonizaba. Pero esta conclusión es sólo una hipótesis. Nada puede decirnos qué pasó exactamente. El hecho, por más conocido no es menos auténtico.

La conciencia del inconsciente

La escucha de la conciencia interior

La *rememoración* de las vidas anteriores se produce a menudo por una sensación que un gran número de personas ya han experimentado: es la sensación del *déjà vu*. Descubre la esencia del alma, abre la puerta de lo extradimensional. Representa, de hecho, una *invitación a viajar* que se ha de aceptar o rechazar.

Rechazarla significa simplemente que no se está preparado para realizar un salto hacia lo desconocido para reconocerlo; el espíritu consciente se convierte entonces en pretil. No por nada se dice que «la naturaleza hace bien las cosas», y se cometería una equivocación si no se tomara en serio el *consciente pretil*, pues sería sin duda peligroso forzarlo.

Por el contrario, la persona preparada para recibir, para concienciarse del inconsciente, penetra de forma natural en el universo insospechado que hasta entonces se escondía en él y que se revela de repente.

Ese extraño y nebuloso viaje al pasado comienza solamente a aguzar las percepciones extrasensoriales.

Ya se sabe, la aventura más típica es la que consiste en visitar un lugar en el extranjero, pero al que nos dirigimos con la certeza de conocerlo, una certeza que se confirma a medida que transcurre la visita. Súbitamente tenemos la impresión de estar teledirigidos.

En esas circunstancias, el *guía* no es otro que el *ello* interior que la psicología tradicional denomina «inconsciente». El nombre que recibe importa poco: *maestro espiritual, ángel de la guarda*, etc. De todas formas es el arquetipo fundamental de lo que somos en realidad, mientras que nuestra apariencia física, material, no es más que el reflejo. Y, me gustaría añadir, el reflejo puntual, perecedero, mortal, de paso.

La sensación de *déjà vu* no sitúa sólo al individuo en una situación familiar sino que lo familiariza, sobre todo, con su interior, sus percepciones y su primera etapa de *rememoración*.

Tras haber vivido varias veces este tipo de experiencia quise compararla con otras dedicándome a realizar investigaciones que me llevaron unos diez años.

La síntesis de esas investigaciones es la siguiente:

La reminiscencia de un lugar *desconocido* es generalmente de corta duración, sobre todo cuando el perceptor se encuentra en un grupo o está acompañado. Por el contrario, puede encontrarse en ocasiones este tipo de *rememoraciones* al volver solo al lugar que ha visitado con anterioridad (en una circunstancia así, el sueño, mientras se está despierto, toma un cierto relieve).

Algunas personas afirman que han podido comenzar a establecer distinciones entre sus vidas anteriores y la actual.

Con toda la prudencia que esto exige, me sumo, sin embargo, a esta visión de las cosas pues he creído comprender que ciertos contextos actuales eran la refracción reveladora de experiencias ya vividas y que había que corregir.

Todavía se impone el análisis individual, un cara a cara con uno mismo. Podemos preguntarnos entonces por qué la mayoría reproduce siempre el mismo esquema de situación conflictiva. ¿No está ligado o dirigido por experiencias anteriores?

Siempre sobre el plano de la *rememoración*, no es raro que un individuo se identifique sin saberlo con un personaje de una novela o de una película hasta no poder en ocasiones contener las lágrimas como ya he indicado, o en todo caso sentir una emoción profunda.

Atribuir este hecho a la hipersensibilidad supondría quedarse sólo en la superficie del problema, mientras que su solución reside en la profundidad extrasensorial de la persona.

La *rememoración* de vidas anteriores puede producirse de diversas maneras, con motivo de una conversación («¡Me parece que ya he dicho esto!») o también por la extrañeza de un recuerdo olfativo. En efecto, todos sabemos que un olor puede poner en marcha de repente una atracción o una aversión.

En ese género de fenómenos, la intuición resulta capital, pero también hay que dejarla moverse con libertad, sin añadir nada de imaginación.

El papel de lo imaginario

Existe una diferencia fundamental entre la intuición y la imaginación.

La intuición se presenta de manera espontánea mientras que la imaginación es una herramienta que intenta descubrir aquello que está escondido. Pero, sin una buena dosis de inspiración, lo imaginario no produciría mas que fantasías.

En la dimensión artística, intuición e imaginación se confunden muy a menudo de manera abusiva.

Un artista *inspirado* no debe nada a la imaginación. Lo que no quiere decir que una persona imaginativa no pueda estar inspirada. Sin embargo, corre el riesgo de conceder demasiada confianza a su imaginación (dirigida por el ego) bloqueando al mismo tiempo la fuente de inspiración.

Volviendo al tema que nos interesa, la imaginación se revela muy útil cuando sirve a la intuición, principalmente en lo que se llama «sueño dirigido».

El sueño dirigido

La *rememoración* de las vidas anteriores se desliza a veces en un sueño específico que sorprende a la persona que está soñando por su repetición.

DIRIGIR LOS SUEÑOS

Cada persona suele encontrar su propia técnica de sueño dirigido. Para ello se impone la confianza en uno mismo.

Algunas personas retoman el escenario *del sueño repetitivo y dejan que su imaginación vuele libremente hasta que quedan dormidos.*

Otras, por el contrario, ahondan *en el sueño igual que se profundiza en un recuerdo.*

Un tercer grupo se relaja, con la absoluta seguridad de que el sueño vendrá solo.

Un sueño de esas características no es más recurrente que uno fragmentado, pero es posible reconstruirlo para conocer su finalidad. Basta con intentar imaginarlo antes de quedarse dormido y repetir, tantas veces como sea necesario, el proceso imaginativo para poner en movimiento la *rememoración* de ese sueño. No será siempre agradable, porque puede tener toda la apariencia de una pesadilla.

En ese caso, conviene analizarlo a conciencia, darse cuenta de si se es capaz o no de sufrir pesadillas sin que afecten al propio equilibrio. A este respecto, una de mis investigaciones me reveló el caso de un hombre de cuarenta años angustiado desde muy joven por un sueño repetitivo durante el cual se encontraba, por la noche, en un cementerio.

Este fragmento de sueño le atormentó durante varios años. Psiquiatras y psicólogos le ayudaron a sobrellevar su angustia pero sin conseguir que el sueño desapareciera ya que regresaba periódicamente.

Finalmente, esta persona se sometió a la hipnosis y pudo visualizar con mayor tranquilidad su fracción de sueño, pero no sucedió nada más.

Por fortuna, el hombre estaba en las manos de un excelente practicante que comprendió que su paciente sentía un poco de rechazo por la hipnosis; le enseñó entonces las técnicas fundamentales del sueño dirigido sugiriéndole que no era más que un sueño, que no tenía nada que temer y que podía curarse de su angustia obsesiva.

La experiencia fue larga pero significativa. Lentamente y con seguridad nuestro hombre logró prolongar su sueño, alargarlo cada vez más. Se despertó sudando, aterrorizado por sus visiones profundizadas. Como no tenía bastante, retomó sus sesiones de hipnosis de manera más confiada. Logró, por fin, tener una visión global de la pesadilla que, claro está, era la *rememoración* de una vida anterior.

Esta persona había asesinado a alguien y los remordimientos le empujaban a ir, por la noche, a rezar ante su tumba.

A partir de entonces, desapareció su angustia, tuvo una clara comprensión de su *deuda kármica* y comprendió también su aversión inexplicable hacia las películas de terror.

Evidentemente, relato esta anécdota para que el lector comprenda que el sueño dirigido es una posibilidad de *rememoración* que puede revelarse extremadamente desagradable, en la medida en que el sueño produzca angustia.

Los sueños repetitivos parecen casi siempre marcados por una negatividad angustiosa, pero ¿acaso no es para curarla por lo que surge de nuestro interior?

No obstante, la repetición de un sueño puede también hacer que aparezca la evolución espiritual de la persona que sueña o incluso *invitarla* a emprender o continuar con su evolución.

Los sueños con significados positivos

La posibilidad de volar como un pájaro se atribuye a menudo a una separación del cuerpo, a un viaje astral; esta posibilidad no excluye cierta simbología de elevación espiritual.

Sucede lo mismo con un *ahogamiento* que simboliza el miedo a alcanzar ciertas profundidades que pondrían sobre la mesa la realidad de las cosas.

Así, en una vida anterior, se ha podido morir ahogado, quemado, precipitado desde cualquier altura, o hundido en barro o arenas movedizas, pero no son casualidades, con lo que llegamos a la simbología de los cuatro elementos: Tierra, Agua, Aire y Fuego.

De nada sirve abalanzarse sobre un *diccionario de sueños* en el momento en que un sueño produce una sensación de estado agradable; por el contrario, debemos aprender a analizar nosotros mismos nuestros propios sueños, que no tienen nada que ver con los de otra persona aunque se les parezcan.

Todo sueño es personal y contiene una connotación individual que queda por descifrar.

Los significados simbólicos de los sueños repetitivos

Repetitivo o no, el sueño está siempre impregnado de un elemento que sobrepasa a los otros. Este elemento, en el sueño, se revela positivo o negativo según sea agradable o no.

Consideremos los aspectos de la Tierra, el Agua, el Aire y el Fuego en el sueño.

Laborear, recolectar, comer tierra, etc., son aspectos positivos. Indican que la persona que sueña está evolucionando. Aprecia en primer lugar la materia para poder desprenderse de ella a continuación.

Se ha de comprender que sólo se trata de una *primera alimentación matricial*.

Un sueño agradable en el que intervenga el elemento Agua significa la vía purificadora, la iniciación. Por ello podemos soñar que estamos bajo el agua respirando libremente. Todos los casos contrarios son una advertencia contra la corrupción.

Sentir el elemento Aire en un sueño agradable significa una gran potencia espiritual, una vía de comunicación entre la Tierra y el Cielo.

Soñar que somos *azotados* por el viento (en una tormenta, por ejemplo) indica una viva reacción de la persona frente a la espiritualidad, lo que puede ser indicio de vidas anteriores. Es lo que se denomina generalmente una «llamada del alma».

La potencia espiritual aumenta por la presencia del fuego que se ve o se siente. Un incendio, por ejemplo, no tiene nada de negativo, es la presencia de una purificación casi absoluta.

En todos estos casos, incluido el de la *rememoración,* el símbolo del fuego es siempre purificador, regenerador. Se ha podido morir quemado por una causa justa o injusta, eso no modifica en nada la simbología de este elemento.

Si creemos en el testimonio de antiguos cátaros que se pretenden reencarnados, su suplicio no habría sido inútil. Habrían sabido incluso de esta utilidad al subir a la hoguera. Esta utilidad del sacrificio sería la *prolongación ígnea de la luz.*

Estas primeras indicaciones, muy breves, permitirán augurar los niveles de evolución a falta de conocer el número de vidas ya vividas.

Como ya he dicho, también uno mismo puede analizar sus propios sueños y encontrar de forma intuitiva sus relaciones con una vida anterior, pero —no dejaré de repetirlo— con la única condición de colocarse en ritmo *alfa,* pues es el ritmo en el que nos encontramos cuando se sueña.

¿Cómo racionalizar lo irracional?

Lo primero que tendrá que hacer es reunir todas las sensaciones experimentadas, todas las señales especiales, y anotarlas concienzudamente.

Sensaciones de *déjà vu*, lugar, reencuentro, olor (memoria olfativa), sueño repetitivo.

Preste una atención especial a sus propias acciones, sus gustos, sus regalos, sus inclinaciones. Todo lo que pueda hacer sin haberlo aprendido jamás. Toda reacción instintiva. Toda emoción incontrolada, es decir, que suceda de improviso.

Considere atentamente desde ahora todos esos elementos, concéntrese en cada uno de ellos; tienen una causa que la psicología tradicional no puede definir perfectamente.

Concédase plena confianza cuando realice este examen sin hacer que intervenga su mente para abrir ampliamente la intuición. No espere nada, quédese quieto y tranquilo.

No se dedique a hacer un análisis intelectual sino a concentrarse sólo en la impresión de lo sentido y dígase que la primera idea que venga será la buena.

Esta técnica se lleva a cabo siempre en ritmo *alfa*. Es el único medio de entrar y permanecer en comunicación con el *ello* interior.

Este análisis se encuentra en perfecta contradicción con un análisis lógico pero es una cuestión personal *conocer* (y no *saber*) lo que es lógico o ilógico. Sólo usted decidirá o no si quiere, si *puede*, ver la parte de atrás del decorado.

Esta experiencia es también comparable a la del amor: «el corazón tiene razones que la razón ignora».

Aunque la operación no dé frutos las primeras veces, repítala sin perder el ánimo puesto que será objeto, antes o después, de un fenómeno de catarsis, una *subida brusca*, una especie de iluminación que surgirá espontáneamente. Y eso se produce casi siempre en el momento más inesperado.

Ese fue el caso de un pintor que conozco muy bien y que se dedicó a este tipo de ejercicios sin desanimarse. Este artista pintaba desnudos femeninos cuando un día, de repente, mientras esbozaba unas formas de mujer, cuál no fue su sorpresa al ver cómo su dibujo revelaba la cara de un hombre que reconoció al instante.

Tuvo inmediatamente la seguridad de que ese rostro había sido el suyo en una vida anterior y las investigaciones que llevó a cabo le demostraron que no se equivocaba.

Puso un nombre a esa cara, después una época relativamente reciente le vino a la mente. Investigó en varias bibliotecas y archivos, lo que le llevó un tiempo considerable, hasta el día en que su paciencia fue recompensada con creces.

Todas sus intuiciones se confirmaron al descubrir unos documentos archivados.

La ceguera clarividente

De nuestros cinco sentidos, la vista parece ser el más valioso de modo que sentimos compasión o piedad por los ciegos hasta el punto de utilizar en nuestros días un bonito eufemismo: «invidentes», como si una discapacidad de ese tipo supusiera por nuestra parte una segregación que hay que borrar.

Y, para empezar, ¿qué certeza tenemos de que la ceguera de nacimiento es verdaderamente una discapacidad? La alegría de vivir de un Ray Charles parece probar lo contrario.

Basta con tener un amigo ciego para aprender mucho sobre un mundo que creemos oscuro.

La función crea al órgano, se dice. Es tan cierto que quedamos maravillados por el extraordinario desarrollo sensitivo de una persona cuyos ojos no ven, pero que posee percepciones aparentemente normales. *Siente* una presencia, *lee* con las puntas de los dedos, *oye* lo inaudible, sus funciones olfativas y gustativas son más agudas.

Mi tendencia a compadecer a los ciegos se volvió rápidamente contra mí cuando en una ocasión pude conversar con uno de ellos. Hasta aquel momento, consideraba la ceguera como una enfermedad. Tras aquella charla cambié mi manera de pensar: sin duda continuaba creyendo que se trataba de un trastorno grave, pero sólo para la persona víctima de un accidente o una dolencia.

Sin embargo, en el caso de un ciego de nacimiento no se puede hablar de enfermedad porque lo que para nosotros está oscuro para él es tremendamente evidente. Su manera de percibir la realidad es, probablemente, tan compleja como la nuestra. E incluso puede mostrar una mayor sensibilidad hacia ciertos aspectos que para nosotros pasarían desapercibidos.

Sin lugar a dudas, tiene que resolver algunos problemas como desplazarse por lugares desconocidos pero se sorprende de nuestra sorpresa cuando le vemos encender la televisión, ir al cine o al teatro, o incluso tocar un cuadro y hablar del color; por muy increíble que parezca *lo siente vibrar* y lo asocia de forma natural a notas musicales, sonidos o formas.

Su espiritualidad (cuando existe) es tan profunda que no tiene ningún problema para interiorizarla.

Queda por saber si esta ceguera de nacimiento es un hecho casual o una *necesidad*…

He sabido recientemente que se están llevando a cabo nuevas investigaciones científicas para curar la ceguera de nacimiento. Trasplantes de ojos de tiburón han dado ya resultados positivos pero se ha planteado un problema inesperado: «el ciego que no ha visto nunca no soporta la visión…» Se temen graves traumas a consecuencia de ello, siendo uno de los menores el abocamiento a un estado de demencia.

A partir de ahí, no se trata ya de fisiología sino de ética y hay bastante que reflexionar.

Como me dijo un ciego:

Para meditar está obligado a entrar en sí mismo. Yo no debo realizar ese esfuerzo. Estoy constantemente en contacto con mi interior. Lo veo como usted puede ver lo que le rodea. No sé si mis imágenes son las mismas que las suyas pero puedo asegurarle que las mías son hermosas. En cualquier caso, no pienso que mi espiritualidad sea superior o más importante que la suya, ambas tienen la misma esencia, sólo nuestros medios de abordarla son probablemente diferentes. Mi ceguera, por último, es quizás una ayuda. ¿Quién puede decirlo?

Los peligros del dogmatismo

La libertad de apreciación

Todo el mundo sabe que dogmatismo se ha convertido en sinónimo de intransigencia, de intolerancia; no habría pues que caer en la trampa de institucionalizar la reencarnación como dogma para combatir el escepticismo, otro dogma que profesa la duda sistemática.

La *verdad* no es la misma para todos, cada persona tiene la suya y el conjunto de *pequeñas verdades humanas*, individuales, forma la *gran verdad universal* que queda por comprender y alcanzar. Sólo podemos intentar comprenderla en el respeto a todos y cada uno en particular. No alcanzaremos nunca esa verdad de múltiples aspectos mientras que nuestra dualidad no se funda en la unidad del gran todo.

¿Quiere decir eso que la reencarnación y las vidas anteriores son ilusiones? En absoluto, pero debemos seguir siendo humildes frente a la verdad inaccesible y aceptar la nuestra como *medio de sustitución* sin tener la pretensión de colocar principios definitivos que hay que considerar siempre por medio de la evolución espiritual.

En religión, el dogmatismo se erige en autoritarismo sobre la masa del pueblo bajo pretexto de revelaciones trascendentales. *A priori*, el objetivo es noble, puesto que tiende a reunir lo que está disperso. *A posteriori*, el error consiste en destruir cada individualidad para hacer entrar cada una de ellas en la categoría de rebaño sin interrogarse previamente sobre su derecho a la afirmación.

La religión coloca desde este momento en el exterior lo que reside también en el interior, olvida que el hombre, *creado a imagen y semejanza de Dios*, es un dios virtual y, como tal, debe acatar su propia autoridad.

El término *libertad* adquiere aquí un significado profundo.

Cada persona es libre de creer o no creer y nadie tiene el derecho de imponer a los demás sus propias convicciones.

En otras palabras, cada uno lleva su maleta; cuando llegue el momento de abrir el equipaje, sólo el individuo que lo lleva sabrá lo que es bueno, malo o inútil. Tal vez sólo de este modo la reunión de las almas se lleve a cabo en primer lugar y después probablemente la de los hombres.

La intolerancia y la tradición

La tradición examinada por un tradicionalista como René Guénon conduce a observaciones desoladoras.

Sin embargo, es cierto que René Guénon fue un espíritu agudo, de una inteligencia fuera de lo común, y que su capacidad intelectual está fuera de juicio.

Despejó un camino que abrió la vía a espiritistas de renombre como Fritjof Schuon. Pero nos hallamos en situación de preguntar si René Guénon al buscar, profundizar y analizar demasiado, no se estacionó en su propia frialdad, si no se extravió un poco en su *suficiencia* más o menos bien disimulada bajo la máscara de una aparente humildad.

Si bien es cierto que Guénon se consagró a la tradición y la respetó hasta el punto de erigirla en dogma, no es menos cierto que en ocasiones olvidó los términos esenciales:

RENÉ GUÉNON

Tras haber sido católico e iniciarse en la masonería, René Guénon terminó su vida convertido al Islam. Nació el 15 de noviembre de 1886 en Blois (donde una calle tiene su nombre) y murió en El Cairo el 7 de enero de 1951. El que debía haberse convertido en el cheikh Abdel Wahed Yahia dejó una obra literaria consecuente.

No hay nada escondido que no deba descubrirse ni secreto que no deba ser conocido (*Lucas*, VII, 17, y XII, 2).

Cito a René Guénon porque se convirtió en el *maestro del pensamiento* de un gran número de gente y, en su frialdad y su noción de la elite (muy próximos al fascismo y al integrismo), fue un enemigo virulento de la reencarnación y principalmente del espiritismo, sin temer su propia contradicción al hablar de *horizontes conceptuales realmente ilimitados.*

A pesar de una cualidad esotérica que no se le puede negar (y que puede estremecer algunas convicciones individuales), Guénon no cuenta con la adhesión general; así Raymond Abellio, aun reconociéndole un trabajo de depuración, le reprocha, sin embargo, un razonamiento polémico. En ese sentido, el Maestro Eckhart sería más profundo.

Para Guénon, las *operaciones mágicas* y las *ciencias analógicas* no son tradicionales, debido a que no se han transmitido por la tradición.

Pero da la casualidad que el autor de *L'Erreur spirite* comete un error espiritual; no sólo todas las *operaciones mágicas* se *transmiten* y provienen de la tradición (como el chamanismo) sino que todavía es más sorprendente constatar en el *iniciado* René Guénon el olvido de los valores cognitivos que son el hecho de la iniciación.

111

Del dogma a la intolerancia no hay más que un paso. Criticar una evaluación *oculta* puede fácilmente pasar por una *virtud moral*. Y puesto que hablamos de la tradición, sabemos bien que toda tentativa de penetrar en el absoluto era rechazada como superstición en la Roma antigua, la cual, después de perseguir a los cristianos en el periodo que va del año 70 al 313, se convirtió a lo que consideraba una superstición.

Entonces, ¿a quién creer sino a uno mismo? Es lo que dice la tradición y, a través de ella, Cristo y Krishnamurti.

Finalmente, a modo de conclusión, podríamos decir que la reencarnación, las vidas anteriores, no son problemas que haya que resolver sino experiencias que se deben vivir.

Evidentemente, se puede creer que la Tierra no es el único *planeta-escuela* y que los grandes autores de ciencia ficción *imaginan* lo que conocen. Estoy pensando naturalmente en escritores como Ray Bradbury, Isaac Asimov, Richard Matheson o también Frank Herbert.

Pero lo que yo pienso no es necesariamente lo que el lector debe pensar, ya que nada es más común que un pensamiento común.

ANEXOS

La ley de los ciclos

Un ciclo es la representación del proceso de desarrollo de un estado cualquiera de la manifestación.

Al ser lo cósmico y lo terrestre indisociables, se puede hablar de ciclos mayores y menores que relacionan, de mayor a menor, todas las cosas que existen en el universo.

Entre los ciclos menores se encuentran, entre otros, los bioritmos horarios, diarios, mensuales y anuales. También existen siete periodos de 52 días que experimenta todo ser humano; el primer periodo parte del día universal hasta cerrar el ciclo anual por siete veces 52 días.

Si la vida humana no sufre accidentes en el recorrido, pasa por varias etapas que la ciencia divide generalmente en cuatro edades, calculando una media de vida que alcance los setenta y dos años.

Además, esas cuatro edades corresponden a los cuatro elementos y se dividen de la siguiente manera:

1.ª edad: 0 a 18 años	**Aire**
2.ª edad: 18 a 36 años	**Fuego**
3.ª edad: 36 a 54 años	**Agua**
4.ª edad: 54 a 72 años	**Tierra**

Toda manifestación parte de lo más sutil (Aire)[37] hacia lo más pesado (Tierra).

El hombre, ese microcosmos, ese universo dentro de sí, se corresponde con el macrocosmos, es decir, el universo que, a su vez, se divide en cuatro edades (o ciclos); estamos viviendo la cuarta edad que precede a la era de Acuario (la era de oro). Volveremos a este tema después.

La primera edad humana se dedica a descubrir.
La segunda edad humana es la de creación.
La tercer edad corresponde a la concienciación (la madurez).
La cuarta edad es la de interiorización.

La Tetraktys pitagórica

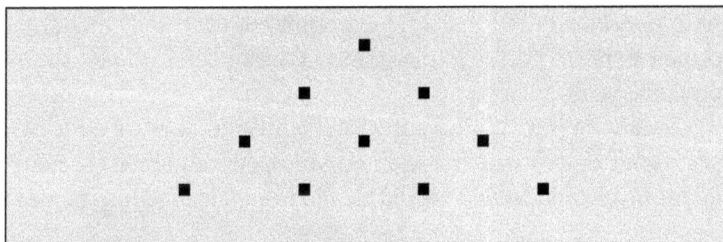

Los grandes ciclos cósmicos se llaman *kalpa* en *déjà vu*; abarcan un periodo que se extiende desde la aparición del universo hasta su reabsorción.

Cada uno de los *kalpa* está compuesto por 1.000 *mahayugas* (edades mayores), divididas a su vez en cuatro *yuga* que repre-

---

37. De hecho, el más sutil es el quinto elemento, el éter, del que proceden los otros cuatro.

sentan 4.320.000 años lunares[38]. Vamos a demostrar que el primer *yuga* (edad de oro) posee una cuádruple plenitud y cómo esta decrece hasta el *kali-yuga* (Edad de Hierro) que sería nuestro periodo actual.

Examinemos por un momento cómo se produce esa *caída* o división del Ser. Se realiza en sentido inverso de la Tetraktis pitagórica $(1 + 2 + 3 + 4 = 10 = 1)$ que es un símbolo de elevación:

$$4 + 3 + 2 + 1 = 10 = 1$$

DECRECIMIENTO DE LA DURACIÓN EN AÑOS LUNARES	
Krita-yuga *(Edad de Oro)*	*1.728.000*
Treta-yuga *(Edad de Plata)*	*1.296.000*
Dvapara-yuga *(Edad de Bronce)*	*864.000*
Kali-yuga *(Edad de Hierro)*	*432.000*
	4.320.000 años lunares

El *kali-yuga*, que forma parte de un *kalpa*, es de 71,42 ciclos, es decir:

432.000 / 71,42 = un poco más de 6.048 años.

---

38. Un año lunar equivale a 360 días. Además, los *kalpa* están divididos en catorce *mantavara*, cada uno de ellos gobernado por un *Manu,* aunque la subdivisión en cuatro edades es constante. Los cálculos aquí expuestos proceden de la tradición shivaita (hindú) y coinciden curiosamente con las teorías del astrofísico Hubert Reeves.

La numerología

Lo que caracteriza en mayor medida a una persona es evidentemente su nombre y su fecha de nacimiento. Cada individuo es único y la prueba palpable es el hecho de que una huella digital no se parece a ninguna otra.

Un nombre no es sólo un conjunto de letras, constituye una vibración, un ritmo. Por lo tanto, no se puede esperar un comportamiento igual de varios «Pablo Durán» o «Alicia Morales»; cada uno de esos nombres contiene vibraciones diferentes, un potencial que le es propio, una impresión especial a la que se será más o menos sensible.

La numerología es una ciencia antigua, muy anterior a Pitágoras; permite analizar las características psicológicas que cada nombre contiene cuantificando y estudiando la vibración subyacente gracias a una correspondencia letra-nombre simbólica.

La numerología es la ciencia de las letras, los números, los ciclos, las vibraciones y los símbolos relacionados con la psicología y el comportamiento humano.

Actualmente, la ciencia concede una atención creciente a la utilización de *vibraciones* o, mejor dicho, de frecuencias. La cronobiología, la radio, la televisión, los rayos X son algunos ejemplos. Los físicos saben ya que la materia, considerada antes inerte, tiene identidad propia definida por sus vibraciones internas. Esas vibraciones proceden de una *unidad central*: la energía fundamental de la vida.

La numerología responde perfectamente a la gran afirmación socrática: «Conócete a ti mismo y conocerás el universo». Pero responde en primer lugar a la manera de orientarnos en la vida cotidiana, al modo de situarnos frente a los demás. La simplicidad de datos que la numerología necesita —fecha de nacimiento, apellido y nombres— convierte este estudio en práctico y preciso, ofreciendo un acercamiento a menudo sorprendente del funcionamiento de la persona y, sobre el tema que nos interesa, ese funcionamiento puede llegar a ser revelador en cuanto a los recuerdos de vidas anteriores.

Los principales números en numerología son el impulso espiritual, el número de expresión y el yo íntimo.

Cálculo de los números básicos en la numerología

• El número 1 corresponde a las letras A, J, S. Este primer número es masculino (yang), se coloca al principio de todas las cosas y se relaciona con la autonomía, la voluntad, el autoritarismo y la afirmación individual.

• El número 2 corresponde a las letras B, T, K. Es el número de la unión, la colaboración o la amistad, pero también el de la incertidumbre. Su aspecto positivo indica la interiorización, la imaginación y el poder de reproducción. Es un número femenino (yin), matricial y receptor.

• El número 3 corresponde a las letras C, L, U. Este número busca la unidad interior que contiene, de dónde procede su expresión de exteriorización, de creatividad. Simboliza la unidad cósmica por las tríadas pasado-presente-futuro y nacimiento-vida-muerte.

- El número 4 corresponde a las letras D, M, V. Simboliza el cuadrado (de la base piramidal), los elementos (Fuego, Tierra, Agua, Aire), las estaciones, etc. Es el número de la estabilidad, del trabajo, la concreción mediante la cual su aspecto negativo puede resultar apremiante o restrictivo. Es femenino (yin).

- El número 5 corresponde a las letras E, N, W. Es el número del cumplimiento, de los sentidos humanos que pueden inducir a engaños pero permiten experimentar. Es, en consecuencia, el número de los aventureros, de los que buscan la novedad, la variedad, el placer. Su aspecto negativo es la falta de estabilidad. Su aspecto positivo es la energía, la viveza de espíritu, el libre arbitrio.

- El número 6 corresponde a las letras F, O, X. Es el número de la presencia sobre la Tierra, con connotaciones de amor, armonía, conciliación, comodidad, ligereza: alma noble, generosa, intuitiva, ligada a la familia, al *clan* (responsabilidades familiares).

- El número 7 corresponde a las letras G, P, Y. Es el número de la sabiduría, el equilibrio entre el *yo* y el *ello*. Su profundidad se sitúa entre lo masculino y lo femenino (andrógino esotérico).

- El número 8 corresponde a las letras H, Q, Z. Este número, según su localización, indica el dinamismo, la benevolencia, el arbitraje. Poderoso por igual en el éxito como en el fracaso, el 8 no se deja abatir con facilidad. Aparte de sus aspectos exigentes, los dos círculos de su dibujo simbolizan las dificultades de comunicación entre el *yo* y el *ello*.

- El número 9 corresponde a las letras I, R. Es el último número que simboliza el desenlace, el balance. Es la cosecha de lo que se ha sembrado en los ocho años anteriores y, por analogía, a lo largo de una vida anterior.

Los aspectos positivos del 9 son el idealismo, el humanismo, la tolerancia, una apertura mayor sobre el mundo y los demás. También es el número de los grandes planteamientos, del cambio, de las rupturas.

Su dibujo indica una actividad más sostenida al nivel del espíritu.

A partir del número 10, la suma teosófica dará $10 = 1 + 0 = 1$, el 12 dará 3, etc. Sin embargo, existen tres excepciones: **11, 22** y **33** son números maestros cuya vibración poderosa coloca a ciertos seres sobre una octava superior[39] mientras que la gran mayoría de personas vive estos números maestros sobre la octava inferior: $11 = 2, 22 = 4, 33 = 6$.

Un estudio numerológico serio proporciona valiosas indicaciones sobre el yo íntimo que es la base inconsciente de la individualización; también proporciona información sobre el número de expresión, el impulso espiritual, el número de la herencia, el camino de vida y los retos de esta.

Todas esas indicaciones están inevitablemente relacionadas con una o varias vivencias anteriores y, por consiguiente, representan una red de lecturas importantes para obtener una primera aproximación a las vidas anteriores.

---

39. Más tarde comprobaremos cómo un número maestro (el 11 concretamente) pudo intervenir en el caso del pintor Rob Jullien.

Los biorritmos

Existen tres biorritmos.

• El *biorritmo físico*, cuyo periodo es de veintitrés días, influencia todas las condiciones físicas.

El periodo positivo se localiza por encima de la línea horizontal del primer día al undécimo y medio. Entonces el momento es propicio para la acción, los esfuerzos, la curva superior indica una buena resistencia física y esta energía alcanza su fase máxima el sexto día.

La caída de la fase positiva en la fase negativa representa la inestabilidad, la fragilidad general de las facultades que sufren un tránsito.

El primer día y el undécimo y medio corresponden a esta fase en el curso de la cual la prudencia se impone (riesgos de accidentes y de problemas de salud, más o menos pronunciados en función de los otros dos biorritmos).

Al poseer cada biorritmo un periodo diferente, la forma física depende de los efectos de todos los biorritmos y no de uno solo.

Las fases negativas están, por supuesto, situadas por debajo de la línea horizontal del duodécimo y medio día y hasta el vigesimocuarto día. De hecho, esas fases no son, a decir verdad, negativas, son más bien fases de recuperación durante las cuales el organismo se recarga de energía.

Es el momento en que el organismo debe acumular energía y recuperar lo que ha perdido. Es el mejor periodo para seguir un tratamiento médico.

• El *biorritmo emocional* tiene un periodo de veintiocho días e influencia el carácter. Su mejor época se sitúa del primero al decimocuarto día.

Este biorritmo influencia a los otros dos. En periodo alto, compensa una pérdida de vitalidad o de perspicacia.

El periodo negativo va del decimoquinto al vigesimoctavo día. Si el biorritmo físico está en posición alta, hay riesgos de accidente debidos a la falta de dominio. Se recomienda prudencia si los otros dos biorritmos están en fase crítica.

• El *biorritmo intelectual* supone un periodo de treinta y tres días. Se relaciona con la mente, los pensamientos. Su periodo positivo dura del primero al decimosexto y medio día. Se caracteriza por un espíritu vivo, una memoria acelerada.

El periodo negativo y de recuperación dura del decimoséptimo y medio día hasta el trigesimotercer día. Una cuarta curva, etérea, puede servir de síntesis.

Conocer los biorritmos representa un buen medio de elegir los días favorables para relajarse, meditar, investigar, etc.

Testimonios sobre las NDE y la reencarnación

Laetitia Brunet reside en Grenoble y ahora ronda los sesenta años. Tenía algo más de treinta años cuando vivió una aventura muy inquietante. Pero antes de experimentar su NDE, Laetitia era una hermosa joven muy seductora. Poseía una tienda de lencería femenina y el dinero era su principal preocupación, tal vez porque sabía que su marido, un rico industrial, la engañaba.

Pues bien, Laetitia Brunet, que no teme exponer públicamente su existencia pasada, llevaba con su esposo la vida de una *pareja libre* que organizaba recepciones adecuadas.

Fue en el transcurso de una de esas recepciones cuando se produjo el accidente. Laetitia, que había abusado del champán, resbaló en el bordillo de la piscina y se ahogó. Haría falta un buen cuarto de hora para que se dieran cuenta de su ausencia. Cuando la encontraron, fue declarada clínicamente muerta por un médico de urgencias.

Y, sin embargo, en el momento en que cayó al agua, Laetitia se liberó de su cuerpo, su doble voló a advertir a su marido que, de repente, se dio cuenta de la ausencia de su esposa. Más tarde, contó todos los acontecimientos que rodearon su *muerte* con los mínimos detalles. Así pudo describir perfectamente al médico, que no pudo ver, y repetir sus palabras, que no había podido oír.

En aquel momento Laetitia abandonó por completo su cuerpo, el lugar del accidente, para penetrar en un torbellino negro, una especie de pasillo sombrío en cuyo fondo brillaba una luz que no tenía nada que ver con una luminosidad conocida. Cuando alcanzó esa luz, se *contaminó* (según su propia expresión) por lo que emanaba de ella: un indescriptible e inmenso amor, una extraordinaria compasión, un *algo indescriptible* que le hizo comprender que estaba malgastando su vida. No sintió ningún reproche ni juicio, pero sí el poder de un balance que la iluminaba, le daba luz.

Durante ese tiempo, en la sala de reanimación se intentó lo imposible, y lo imposible se produjo: Laetitia volvió a la vida pero a *una nueva vida* que no se parecería jamás a la antigua. Todos los que la han conocido pueden dar fe para su gran sorpresa.

¿Qué pasó? Laetitia lo *sabe* pero no puede formular nada, no tiene el poder, las palabras no podrían traducir con exactitud su *viaje* y su cambio. Según ella:

> Empecé por romper con mi marido. Pero para mí, romper era una prueba de amor pues no podía vivir en un mundo ficticio, contentarme con la mediocridad de los sentimientos. Tenía ganas de un día a día donde encontrara todo lo maravilloso que había conocido desde mi NDE. Seguidamente vendí mi tienda afrontando serenamente todo tipo de dificultades. Comprendí que mi *libertad* era sólo una estafa, un timo moral, un desierto árido donde el amor auténtico no podía florecer. Parafraseando la máxima de La Rochefoucauld, diría que no poseía bastante fuerza para soportar los males de los demás, comprenderlos, dejar de juzgarlos y amarlos, a pesar de todo.

Hoy, Laetitia Brunet vive sola, el amor sentimental o físico ya no le interesa desde su NDE, es decir, desde finales de la década de 1960. Se ocupa activamente de los desheredados.

Conocí a Loïc Leganec a finales de la década de 1980. Vivía en Bretaña, en el Finisterre Sur, cerca de Quimper. Yo colaboraba con un equipo de la televisión británica llegado a ese lugar para filmar dólmenes y menhires. La naturaleza había dotado a Loïc de un físico armonioso pero no se sentía interesado por las chicas que lo provocaban. Su comportamiento intrigó al cámara que le preguntó si era homosexual. Sin extrañarse, Loïc respondió simplemente que los asuntos del sexo no le interesaban en absoluto. En ese momento, el joven, que podría haber sido mi hijo, me recompensó con una mirada profunda, cargada de un significado que escapaba a los demás, como si delegara en mí una correspondencia secreta. Como éramos los dos únicos franceses en el equipo habíamos simpatizado rápidamente. Mi colaboración en ese reportaje procedía de uno de mis editores que me había puesto en contacto con el equipo británico para recoger la mayor documentación posible y publicar más tarde artículos y libros sobre la tradición celta. Esto interesaba mucho a Loïc que era un apasionado de las civilizaciones perdidas. Sólo tenía veinticinco años pero poseía ya una cultura notable y nuestras conversaciones acabaron siendo cada vez más profundas hasta llegar a abordar las cuestiones esenciales sobre la vida y la muerte. Una noche, en un restaurante de Pont-Aven, Loïc, empujado por la confianza de nuestros intercambios, acabó contándome su increíble historia que tiene bastantes puntos en común con la de George Ritchie, un psiquiatra norteamericano que vivió una NDE en 1943[40].

Cuando terminó su historia, Loïc aceptó volver a contarla para que la grabara. La reproduzco ahora, completa, con el permiso de su autor[41].

Sucedió hace dos años, a finales de agosto de 1985, estaba con un grupo de amigos y habíamos pasado una buena parte de la noche bailando y bebiendo en una discoteca.

40. George Ritchie relata su aventura en el libro titulado *Retour de l'au-delà*, Ed. Robert Laffont, 1986.

41. Se ha podido leer ya la reproducción de esta grabación en algunas revistas, así como en una de mis obras, *Les nouvelles voies du spiritisme*.

A alguien se le ocurrió la estúpida idea de ir a darnos un baño para despejarnos; yo estaba tan borracho que no pensé ni un segundo en el peligro que podía suponer ese baño.

En Bretaña, a las cuatro o las cinco de la mañana, incluso en agosto, el océano no está especialmente caliente. Mi último recuerdo se remonta a una zumbullida de la que nunca volví, al menos conscientemente.

Cuando creí que estaba volviendo en mí, estaba en una habitación del hospital de Quimper. Pero entre mi zambullida en el océano y mi *vuelta a la conciencia* tuve la impresión de haber tenido un sueño extraño en el que me sentí aspirado por una especie de túnel negro en cuyo final brillaba un sol. En el momento en que creía alcanzarlo abrí los ojos en la habitación del hospital. Estaba oscuro pero una pequeña lamparilla me permitió constatar que no estaba solo, había otra cama en la habitación en la que descansaba un enfermo: una sábana cubría por completo su cuerpo.

En ese instante se apoderó de mí el pánico como nunca lo había hecho. Y todavía me aterroricé más cuando me levanté de golpe y vi mi propio cuerpo cubierto también por una sábana.

Grité pero mi grito no produjo ningún sonido.

Lo peor de todo fue cuando quise tocar la cama, mi cuerpo, varios objetos; mi mano no podía agarrar nada, sentir nada, pasaba a través de todo.

En toda mi vida no he sentido nada tan terrible, tan horroroso.

Entonces comprendí qué quería decir la palabra *desesperación*. Y en ese preciso momento, el *sol* de mi sueño penetró en la habitación. Comenzó siendo un punto de luz minúsculo que se convirtió en una luz total, dentro y fuera de mí al mismo tiempo. No puedo definirlo, es inexplicable.

En cualquier caso, un extraordinario bienestar sucedió al pánico, tuve la impresión de que mi espíritu se dilataba, se abría a una comprensión insospechada en ese instante.

La extraordinaria luz en la que me vi envuelto era algo vivo, infinitamente más vivo de lo que ahora estamos nosotros.

Comprendí de golpe y de forma instantánea que se trataba de una guía espiritual y que era la mía. No tenía forma ni rostro pero su presencia era más evidente que si se hubiera manifestado físicamente.

En ese instante se produjo otro fenómeno incomprensible: no había abandonado el depósito y, sin embargo, la luz me arrastró fuera de allí.

Lo más curioso fue que esta anomalía me parecía completamente normal, como si la hubiera vivido antes.

Por muy increíble que pueda parecer, atravesé las paredes y el techo del hospital, aunque sería más justo decir que *las atravesamos*, la luz y yo.

Éramos a la vez diferentes y una sola entidad, eso también resulta inexplicable.

El alba ya apuntaba, yo sobrevolaba la ciudad como si fuera la cosa más normal del mundo. Me bastaba con aumentar o disminuir la velocidad sólo con ayuda de mi voluntad. Esta, de repente —y de forma muy agradable— se sometió a la luz que me acompañó a los lugares en donde se desarrollaban escenas de violencia, de sexualidad exacerbada, de alcoholismo, de drogas.

Descubrí a los muertos vivientes, inconscientes de su fallecimiento que intentaban comer, beber, fumar, hacer el amor sin poder satisfacer sus deseos.

Sabía que se me enseñaba todo eso para que me diera cuenta de lo que era realmente la vida y sobre todo cómo no debía vivirla. No obstante, no noté ningún juicio.

La luz no era otra cosa que amor comprensivo y compasión.

Me trasladó enseguida a lugares desconocidos, de muchos colores, indefinibles, lugares de gran paz donde operaban presencias invisibles pero absolutamente evidentes. Obraban por el bien de la humanidad. Cada una de ellas se ocupaba, protegiéndolos, de uno o varios seres humanos y también de los que no viven en la Tierra.

Entonces supe, de manera absoluta, que estaba siendo guiado, protegido, pero que tenía que hacer un esfuerzo para adaptar mi existencia terrestre a la vida que me rodeaba y se me había prometido puesto que, cosa curiosa, tenía la seguridad de que iba a volver a la vida tridimensional.

¿Cómo? Eso sigue siendo todavía un misterio para mí.

Me encontré de nuevo en el hospital pero no en el depósito sino en la sala de reanimación donde, esta vez, recobré de verdad la conciencia.

Todo esto, estoy de acuerdo, parece completamente demencial y en los meses que siguieron a este fenómeno, creí que era una locura. Podría pasar por lo del viaje fantástico, pero, ¿cómo comprender que comenzara en el depósito, donde estaba muerto, para terminar en una sala de reanimación?

Para los médicos fui solamente víctima de una congestión, evidentemente perdí la consciencia pero mi corazón dejó de latir sólo algunos segundos y nadie me llevó jamás al depósito cubierto con una sábana.

Hay una *interferencia* en esto que no me explico.

Me creía loco, decía, pero al mismo tiempo no había estado jamás tan lúcido sobre las cosas de la vida. Así, algunos años antes, había discutido con mi familia. Sentía la necesidad de poner fin a esta discusión. Y sucedió mucho mejor de lo que esperaba.

Por otra parte, antes de este acontecimiento fantástico, no me movía ningún sentimiento religioso. Lento pero seguro, sentí apuntar en mí un movimiento espiritual y, al mismo tiempo, la impresión de estar habitado por la presencia que he descrito.

Me puse a rezar de manera natural, como si me dirigiera a un hermano mayor por el que sintiera un amor inaudito.

No pedía nada para mí. Preguntaba sólo qué debía hacer, cómo comportarme ante uno u otro hecho.

Las respuestas que me llegaban estaban siempre impregnadas de amor, comprensión, compasión frente a los demás.

Casi a mi pesar, seguí esta vía sin preocuparme de buscar un oficio lucrativo, sin pensar en mi jubilación, etc. Se podría decir que el azar podía siempre con mis necesidades más imperiosas, ni más ni menos.

Además, los fuertes impulsos sexuales que tenía desaparecieron poco a poco. La castidad no me plantea ningún problema. Hoy en día considero la sexualidad como un placer puntual privado de verdadero amor. Incluso en el matrimonio o la unión libre, la mayoría de las parejas vive situaciones bloqueadas en las que cada uno piensa en primer lugar en sí mismo. Creo que todo eso es el resultado de un egoísmo garantizado por nuestra sociedad en plena decadencia. No me corresponde juzgarla pero ya no puedo participar en lo que tiene de malo.

Hoy no soy ni feliz ni desgraciado, estoy sereno.

Mi viaje fantástico es quizás una locura en la que no se puede creer. Pero, ¿creemos todavía en Dios o en lo que así llamamos? Y lo que es locura a los ojos de los hombres, ¿no es sabio a los ojos de Dios?

No añadiré ningún comentario ni positivo ni negativo a este testimonio, sólo diré que cuando lo publiqué, varias veces entre 1990 y 1991, Loïc estaba dando la vuelta al mundo con una mochila como único equipaje. Las postales que recibí entonces me indicaban que su vida espiritual no paraba de progresar.

Desde 1992 no he tenido más noticias de Loïc. No interpreto su silencio. E incluso si el joven no pertenece ya a nuestro mundo, permanecerá en mí vivo para siempre.

Director de los programas de la RTL, escritor, cineasta, Philippe Labro no es ningún desconocido. En su obra titulada *La Traversée,* cuenta cómo rozó la muerte como consecuencia de una infección, cómo sobrevoló su cuerpo y muchas otras cosas.

He rozado varias veces la muerte, lo que es normal teniendo en cuenta que mi vida es muy agitada y aventurera. Pero eso no me conducía a reflexiones especiales. Por el contrario, ponía ese tema detrás de mí y lo consideraba casi un juego.

Philippe Labro tuvo que ser mantenido durante diez días en coma artificial para identificar una bacteria maligna.

Las circunstancias hacen que mi coma no fuera el de los grandes comatosos que a veces no se recuperan. Como poseo la fortuna de escribir, me pareció interesante contar lo que vi y reunir así centenares de experiencias similares. El libro trata temas fuertes y sólo hablo de mi persona.

En efecto, su libro le permite opinar también sobre la época actual, la excesiva importancia que se da a la imagen, la pérdida de valores, la educación de los niños, el papel de los padres. Cuando se pregunta a Philippe Labro sobre la moda *New Age*, su respuesta es contundente:

Creo que es algo más que una moda. Hay una fuerte corriente en nuestra sociedad actual y no solamente en Francia, propia a nuestra época, que se debe justamente a la pérdida de la espiritualidad y la debilidad de las Iglesias. Esa *necesidad* se caracteriza por la pregunta que el mundo y el hombre tienen sobre sí mismos, teniendo en cuenta el caos en el que vivimos y el gran valor simbólico del nuevo milenio.

Sobre lo que Philippe Labro vio o vivió durante su *experiencia* no dice gran cosa (probablemente para no escandalizar al lector), pero habla sin embargo de su nuevo estado, de la fuerza del amor, precisando que no tuvo que esperar a esta experiencia para saber que el amor era una fuerza:

No obstante, en ese momento se siente aún más y en ocasiones es importante contar las evidencias. También hay lo que algunos llaman «la mano de Dios», «el azar objetivo» o, como lo escribió Pascal, «un poder desconocido», expresión a la vez bastante vaga y precisa para que cada uno encuentre lo que le interesa. Todos los comentarios son válidos.

Por último, el miedo y el amor resumen la *travesía* de Philippe Labro:

El miedo vivía en mí, y ha sido combatido por el amor...

Testimonios sobre los recuerdos de vidas anteriores

En varias de mis obras cito a Rob Jullien, un pintor de gran talento que dejó este mundo en 1991, sin hablar, sin embargo, de los recuerdos que me confió sobre una de sus vidas anteriores.

Rob Jullien nació el 11 de agosto de 1931 en Aix-en-Provence. Desde su más tierna edad pintaba sin haber asistido nunca a la escuela de Bellas Artes.

Cuando cumplió diez años, su padre le regaló su primera caja de pinturas al óleo. Rob sólo tuvo desde entonces un objetivo: sorprender al rayo cayendo sobre la iglesia de San Juan de Malta, construida por los templarios.

Ese proyecto, que todos consideraban completamente disparatado, era de hecho el primer recuerdo de su vida anterior. Rob Jullien comenzó a darse cuenta de ello cuando descubrió, muchos años después, que esta iglesia había sido alcanzada por rayos dos veces a lo largo del siglo XIX y que había soportado importantes transformaciones para permitir la apertura de la actual calle de Italia.

Antes de saber esos datos, Rob Jullien volvió a la iglesia de San Juan de Malta donde había sido bautizado.

No la *reconocí*, porque tenía la disparatada pero fuerte impresión de conocerla y de recordarla con un rosetón en forma de polígono.

En esa época, Rob Jullien era un escéptico y no profesaba ningún tipo de misticismo. Pero la visión del rosetón en forma de polígono le empujó a emprender investigaciones catastrales cuyo descubrimiento le dejó atónito: el rosetón en cuestión había existido, y había atraído a muchos peregrinos. El polígono también había existido.

Verdaderamente estremecido, Rob Jullien no rechazó creer lo increíble, pero muy pronto iba a experimentar otro fenómeno de *rememoración*.

Sin embargo, dejemos que sea él quien se explique tal y como quedó registrado en una grabación que guardo en mi archivo celosamente:

> Iba un día en bici y pasé por la localidad de Meyrargues, cerca de Aix-en-Provence. De repente, sentí un malestar inexplicable hasta el punto de tener que parar en un campo para vomitar. Busqué la causa de mi indisposición gástrica en alguna comida en mal estado. Pero una segunda vez, al pasar por Meyrargues, fui víctima de nuevo del mismo malestar. ¿Era una casualidad? No podía creerlo cuando esa *casualidad* se reprodujo una tercera vez. Desde ese momento evité pasar por Meyrargues pero eso no calmaba la confusión de mi espíritu. Como ya lo había hecho con la iglesia de San Juan de Malta, comencé a realizar investigaciones catastrales. Averigüé que, en el momento del arresto de los templarios, algunos de ellos habían sido deportados y encerrados en Meyrargues. No quería pensar en todo esto. Cogí a mi mujer y nos fuimos a vivir a Niza donde ejercí mi primera profesión de delineante.

Todo esto habría sido suficiente para que Rob Jullien comenzara a investigar sobre sí mismo, pero se negaba categóricamente a someterse a la hipnosis o a emprender cualquier técnica de *rememoración*. Su incredulidad le obligaba a agarrarse desesperadamente a la realidad por temor a caer en la demencia. Pero a veces, en ese tipo de experiencia, basta con huir para ser perseguido incansablemente por las *sombras del pasado* que hicieron que, más tarde, dijera Rob Jullien:

Nada de juicios, nada de oposición[42]. Me importa poco que me crean o no, que me tomen por lo que no soy; entro en mi cuadro donde reduzco mis dimensiones; una parte de mí permanece ante el caballete y percibe el velo negro que el común de los mortales no puede penetrar. La otra parte de mí, la que penetra en el cuadro, consigue revelaciones informulables, todo está al revés, al contrario de lo que creemos ver, saber, conocer. ¿Verdadero o falso? Creo que todo es verdadero porque la humanidad es parecida a un mueble inmenso con muchos cajones, cada uno de ellos contiene una verdad que puede ser totalmente opuesta a la del cajón de al lado. Ahora bien, son las verdades aparentemente contradictorias o paradójicas las que forman la *verdad*. En ella se halla lo que llamamos, de forma aproximada, la *realidad fantástica*.

Rob Jullien sabía perfectamente de qué estaba hablando en relación con ese tema. En 1974, él y su esposa decidieron dejar Niza por razones de índole material. Rob terminó con su profesión de delineante. Fue producto de la casualidad que, sobre un plano, pusiera su dedo sobre Lorgues. Fueron también toda una serie de casualidades las que determinaron el futuro del pintor y el lugar fuera de lo común que fue su taller, convertido hoy en pinacoteca abierta al público.

Para resumir, Rob se vio atraído irresistiblemente por el viejo molino Trè-Barry, una ruina medieval reconstruida por sus manos de artista, de constructor templario. Ayudas inesperadas le permitieron llevar a cabo su restauración.

A partir de ahí Rob Jullien confiesa que comenzó a *soñar despierto*, a ver *destellos* que le ponían en contacto con lo que había vivido.

Por eso creyó escuchar cantos gregorianos que resonaban como si vinieran de una columna. Logró localizar intuitivamente el lugar del que emergían los cantos: un pozo, descubierto al cavar en el suelo y del que nadie había oído hablar.

---

42. Rob Jullien afirmaba que ese pensamiento vino a él y no dejaba de volver a su cabeza hasta el momento en que admitió sus rememoraciones.

Rob Jullien lo transformó en cripta donde los visitantes pueden actualmente ver la tumba de un templario yacente.

Rob Jullien se convirtió en un extraordinario pintor de la simbología mística, pero esta simbología es inherente a su propia existencia. Se relaciona principalmente con el rayo y el número 11. El simbolismo del rayo lleva al poder creador y destructor de la divinidad. El rayo era empleado por los alquimistas de la Edad Media para encender su horno: el atanor.

En el plano iniciático, el rayo mata al *hombre viejo* que renace iniciado. En todas las mitologías, el lugar golpeado por el rayo es sagrado. Además, el simbolismo del rayo remite a la espada *(Excalibur)*, gran símbolo de la caballería templaria.

El rayo es un signo de sacudida, en correspondencia con el verbo divino y el diamante. Y sabemos que Rob Jullien fue varias veces sacudido por su incredulidad y más tarde al renovar su fe. En cuanto a su inspiración pictórica, está ligada sin duda al Verbo divino, a la palabra perdida puesto que el diamante es omnipresente en su pintura[43].

El número 11 marca los acontecimientos más destacados de la vida de Rob Jullien, la fecha de su nacimiento y la de su matrimonio, entre otros. Examinemos la simbología del 11, según Camille Creusot[44]:

> En el 11 nos encontramos en la mitad del tiempo porque el 22, después de muchas tribulaciones, nos lleva a la fe. El 11 simboliza la lucha interior donde la iniciativa individual predomina.

He dedicado este libro a Max Michel y a su esposa Cathy no sólo por amistad sino también, por una parte, porque la historia

---

43. Véase, en *Le mystère des fantômes et apparitions*, *op. cit.*, las soberbias reproducciones de algunas obras de Rob Jullien.

44. Camille Creusot, *La face cachée des nombres*, Ed. Dervy, 1977.

de esta pareja, que conozco desde hace más de veinte años, representa la solidez de una unión que se prolonga desde tiempo inmemorial y, por otra, porque la historia de Cathy Michel ilustra perfectamente los objetivos expuestos en este libro.

Cathy nació en 1951 en el seno de una familia de cultura típicamente mediterránea, apegada todavía a tradiciones rigurosamente patriarcales. Como explica Cathy:

> Las mujeres de las generaciones anteriores y de nuestra familia fueron y son siempre mujeres sumisas. En un ambiente así, la mujer no tiene derecho al deseo pero debe sufrir el de su marido. El deseo de mi madre se saldó con un embarazo que además supuso el nacimiento de una niña cuando lo que esperaban era un niño. Mi nacimiento fue la peor de las decepciones.

Cathy vivió desde entonces una infancia en la que la culpa alcanzaría tales niveles que pasaría a ser una segunda naturaleza para ella hasta el punto de masculinizar su cuerpo, delgado y alto.

En la adolescencia, su revolución interior, reanudada, sufrió el fenómeno contrario llevándola a la obesidad.

Después Cathy no necesitó parecerse al hijo deseado porque su hermano acababa de nacer.

A los diecinueve años, cuando conoció a Max, su futuro marido, Cathy dudaba de todo y sobre todo de sí misma. ¿Cómo podía amarla un hombre?

Aunque no estaba desprovista de hermosura, encanto e inteligencia, hizo falta toda la fuerza del amor para que aceptara casarse con el hombre que la amaba.

A pesar de todo, durante largos años, la suerte no acompañó a esta pareja, sobre todo en el plano financiero.

Cathy se sumió en un miedo irracional a ser abandonada.

Tras nacer su hija, se desfiguró al engordar veinticinco kilos y alcanzó el máximo del sufrimiento moral y físico con el nacimiento de su hijo Laurent, en 1980. Un parto dramático en el que la madre y el hijo estuvieron a punto de morir.

A partir de esa época, Cathy vivió situaciones *molestas* que la llevaron, sin embargo, a grandes planteamientos.

Conoció a personas que le hablaron de espiritualidad, de la reencarnación.

En esa época, Cathy derramó torrentes de lágrimas y, cosa curiosa, perdió hasta treinta y tres kilos.

A partir de ese momento emprendió una larga terapia que proseguiría con varios practicantes.

Todos, a su manera, se aplicaron a curarla, pero sobre todo a curar su *amnesia*.

Ahora bien, si Cathy tuvo que ponerse en manos de varios practicantes y no de uno solo fue porque cambiaron de residencia (uno de ellos fue asesinado) y cada vez ella sentía ese hecho como un abandono. «Como un padre que abandona a su hijo», precisaba.

Tras esto, se produjo otro riesgo de *abandono*: Laurent, el hijo de Cathy, fue víctima de un accidente de carretera, afortunadamente sin gravedad.

El tema del abandono volvió por medio de un médium que sorprendió a Cathy al decirle:

En una vida anterior, veo a su marido vestido de templario, parte a la guerra y usted se siente sola, abandonada…

Finalmente, un sofrólogo pensó que había quizás una relación entre el accidente de Laurent y una vida anterior. Probablemente ese sofrólogo no se equivocaba. Después de someterse a varias sesiones de hipnosis, la paciente reveló lo siguiente:

En una vida anterior (diría que tres antes de la actual pero no sé por qué) me persigue un oso (es lo que creo) o en todo caso una bestia salvaje. Corro con un niño en los brazos. Tengo mucho miedo. Me dirijo hacia un río o un lago, pensando que el animal no podrá perseguirme hasta ahí pero la bestia me alcanza y el niño cae de mis brazos. La fiera me devora, me arranca una parte del cuello y del hombro derecho. Muero sin saber qué será de mi hijo. Muero con un sentimiento de abandono, de culpabilidad. El agua helada paraliza mis piernas.

Es curioso constatar que el problema de obesidad que Cathy sufrió tenía que ver sobre todo con sus piernas.
Para ella las cosas se han aclarado.

El agua helada que paraliza mis piernas tiene una relación con los sufrimientos fetales, los que tuve con mi madre y mi hijo, con mi retención de agua y con muchas otras cosas. Por otra parte, comprendo ahora por qué no soportaba la idea del abandono pero principalmente la idea de abandonar un niño. Cuando leía un hecho de esas características o lo anunciaban en la televisión, sentía un malestar que podía durar varios días. Aquellos sufrimientos se convirtieron en los míos.

También comprendo el gran interés que he sentido siempre por el problema de la infancia abandonada, martirizada y la razón por la que ocupo un puesto en un servicio social para la infancia.

Inconscientemente tenía necesidad de ayudar en todo lo que tenga que ver con la infancia, como si debiera pagar la culpa de haber abandonado, a mi pesar, a un niño (al mío, quizás) antes de morir.

Al nacer en una familia en la que predominaba el deseo de tener un niño, ¿no habré querido vivir el abandono como otra forma de rechazo?

He resumido mucho la historia de Cathy Michel para no desvelar la autobiografía que está preparando y que sorprenderá a todas aquellas y todos aquellos que se interesan por las vidas anteriores y por la reencarnación.

Por eso he debido deformar hechos escalofriantes, sufrimientos que despiertan el respeto y la admiración, no sólo en lo que respecta a Cathy Michel, que personifica el coraje, sino también en la persona de su marido, cuya abnegación y amor son

139

ejemplos de valores humanos que merecen citarse en nuestro mundo en descomposición.

He de decir que cuando terminé estas líneas (marzo de 1997) Cathy había perdido seis kilos que le sobraban; que esta pareja fuera de lo común se recupera monetariamente y que sus dos hijos, Maryline y Laurent, son el orgullo de sus padres.

Después de tantas pruebas, Max y Cathy están convencidos de que proseguirán juntos un largo camino que no tiene su fin aquí y ahora, sino *mañana* y *en otra parte*.

Espero que puedan encontrar en este libro que les dedico la prueba modesta de mi fiel y *eterna* amistad.

www.ingramcontent.com/pod-product-compliance
Lightning Source LLC
Chambersburg PA
CBHW072351090426
42741CB00012B/3005